2024年国家法律职业资格考

法考精神体系

万能金句·设问角度·三位一体

刑 法

采 分 有 料

主观题

陈 橙 ◎ 编著 | 厚大出品

中国政法大学出版社

学习是充满思想的劳动

《《《 厚大在线 》》》

硬核干货：八大学科学习方法、新旧大纲对比及增删减总结、考前三页纸等你解锁。

定期直播：备考阶段计划、心理疏导、答疑解惑，专业讲师与你相约"法考星期天"直播间。

免费课堂：图书各阶段配套名师课程的听课方式，课程更新时间获取，法考必备通关神器。

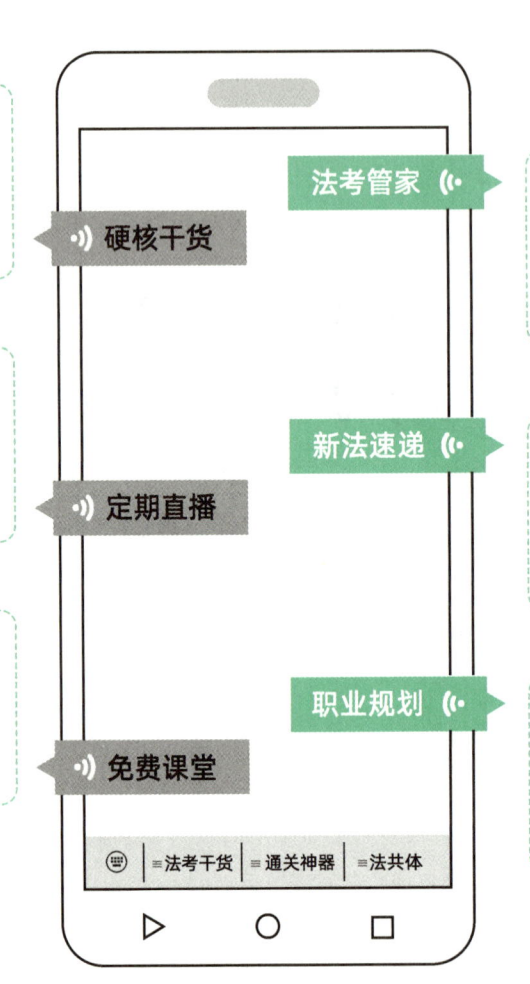

法考管家：法考公告发布、大纲出台、主客观报名时间、准考证打印等，法考大事及时提醒。

新法速递：新修法律法规、司法解释实时推送，最高院指导案例分享；牢牢把握法考命题热点。

职业规划：了解各地实习律师申请材料、流程，律师执业手册等，分享法律职业规划信息。

法考干货 | 通关神器 | 法共体

更多信息
关注厚大在线

HOUDA

代总序
做法治之光
——致亲爱的考生朋友

如果问哪个群体会真正认真地学习法律，我想答案可能是备战法考的考生。

当厚大的老总力邀我们全力投入法考的培训事业，他最打动我们的一句话就是：这是一个远比象牙塔更大的舞台，我们可以向那些真正愿意去学习法律的同学普及法治的观念。

应试化的法律教育当然要帮助同学们以最便捷的方式通过法考，但它同时也可以承载法治信念的传承。

一直以来，人们习惯将应试化教育和大学教育对立开来，认为前者不登大雅之堂，充满填鸭与铜臭。然而，没有应试的导向，很少有人能够真正自律到系统地学习法律。在许多大学校园，田园牧歌式的自由放任也许能够培养出少数的精英，但不少学生却是在游戏、逃课、昏睡中浪费生命。人类所有的成就靠的其实都是艰辛的训练；法治建设所需的人才必须接受应试的锤炼。

应试化教育并不希望培养出类拔萃的精英，我们只希望为法治建设输送合格的人才，提升所有愿意学习法律的同学整体性的法律知识水平，培育真正的法治情怀。

厚大教育在全行业中率先推出了免费视频的教育模式，让优质的教育从此可以遍及每一个有网络的地方，经济问题不会再成为学生享受这些教育资源的壁垒。

最好的东西其实都是免费的，阳光、空气、无私的爱，越是弥足珍贵，越是免费的。我们希望厚大的免费课堂能够提供最优质的法律教育，一如阳光遍洒四方，带给每一位同学以法律的温暖。

没有哪一种职业资格考试像法考一样，科目之多、强度之大令人咂舌，这也是为什么通过法律职业资格考试是每一个法律人的梦想。

法考之路，并不好走。有沮丧、有压力、有疲倦，但愿你能坚持。

坚持就是胜利，法律职业资格考试如此，法治道路更是如此。

当你成为法官、检察官、律师或者其他法律工作者，你一定会面对更多的挑战、更多的压力，但是我们请你持守当初的梦想，永远不要放弃。

人生短暂，不过区区三万多天。我们每天都在走向人生的终点，对于每个人而言，我们最宝贵的财富就是时间。

感谢所有参加法考的朋友，感谢你愿意用你宝贵的时间去助力中国的法治建设。

我们都在借来的时间中生活。无论你是基于何种目的参加法考，你都被一只无形的大手抛进了法治的熔炉，要成为中国法治建设的血液，要让这个国家在法治中走向复兴。

数以万计的法条，盈千累万的试题，反反复复的训练。我们相信，这种貌似枯燥机械的复习正是对你性格的锤炼，让你迎接法治使命中更大的挑战。

亲爱的朋友，愿你在考试的复习中能够加倍地细心。因为将来的法律生涯，需要你心思格外的缜密，你要在纷繁芜杂的证据中不断搜索，发现疑点，去制止冤案。

亲爱的朋友，愿你在考试的复习中懂得放弃。你不可能学会所有的知识，抓住大头即可。将来的法律生涯，同样需要你在坚持原则的前提下有所为、有所不为。

亲爱的朋友，愿你在考试的复习中沉着冷静。不要为难题乱了阵脚，实在不会，那就绕道而行。法律生涯，道阻且长，唯有怀抱从容淡定的心才能笑到最后。

法律职业资格考试不仅仅是一次考试，它更是你法律生涯的一次预表。

我们祝你顺利地通过考试。

不仅仅在考试中，也在今后的法治使命中——

不悲伤、不犹豫、不彷徨。

但求理解。

厚大®全体老师　谨识

目录 CONTENTS

第一部分 ▶ 知识点精粹 001

专题 1 不作为犯和刑法中的行为 001
- 考点 1 区分不作为犯和过失犯 001
- 考点 2 不作为犯的义务来源 002
- 考点 3 不作为犯的等价性 003
- 考点 4 刑法中的行为 003

专题 2 因果关系的判断 005
- 考点 5 特定因果流程 005
- 考点 6 介入因素判断 005
- 考点 7 特殊体质与因果关系 006

专题 3 主观罪过 007
- 考点 8 间接故意 007
- 考点 9 故意犯罪的认识内容 007
- 考点 10 法律认识错误 008
- 考点 11 过失犯的构成 009
- 考点 12 过于自信的过失 010
- 考点 13 意外事件 010

专题 4 事实认识错误 011
- 考点 14 对象错误及其处理 011
- 考点 15 打击错误及其处理 011

考点 16	狭义因果关系错误及其处理	012
考点 17	结果提前实现及其处理	012
考点 18	事前故意及其处理	013
考点 19	事前故意中的共犯问题	014
考点 20	不同犯罪构成间错误的包容评价问题	014

专题 5　正当防卫 ... 016

考点 21	正当防卫的对象	016
考点 22	假想防卫	017
考点 23	防卫意思与偶然防卫	017
考点 24	正当防卫的时间要求	018
考点 25	正当防卫的限度	018
考点 26	打击错误中涉及的防卫问题	019

专题 6　紧急避险和被害人承诺 ... 020

| 考点 27 | 紧急避险 | 020 |
| 考点 28 | 被害人承诺 | 020 |

专题 7　刑事责任 ... 022

| 考点 29 | 刑事责任年龄 | 022 |
| 考点 30 | 原因自由行为 | 022 |

专题 8　未完成罪 ... 024

考点 31	犯罪既遂	024
考点 32	未完成形态的终局性	025
考点 33	犯罪未遂	025
考点 34	犯罪中止的自动性	025
考点 35	犯罪中止的有效性	026
考点 36	犯罪中止的处罚	027
考点 37	中止行为本身造成的损害	027

专题 9　共同犯罪 ... 028

考点 38	共同犯罪的意义	028
考点 39	共同犯罪的成立条件	029
考点 40	正犯与共犯	029
考点 41	间接正犯	030

考点 42　帮助犯 ·· 031
考点 43　教唆犯 ·· 032
考点 44　共犯从属性与共犯独立性 ··· 032
考点 45　胁从犯 ·· 033
考点 46　共同犯罪的处理原则 ·· 034
考点 47　相对责任年龄的归责问题 ··· 034
考点 48　不同故意者的归责问题 ·· 035
考点 49　共犯脱离 ··· 036
考点 50　实行过限与望风者的定性 ··· 037
考点 51　双方在场的另起犯意问题 ··· 038
考点 52　共犯受到损害问题 ··· 038
考点 53　片面共犯 ··· 039
考点 54　承继共犯 ··· 039
考点 55　"查不清"问题与分情况讨论 ··· 040
考点 56　共同犯罪与不作为犯 ·· 040
考点 57　教唆犯中的错误问题 ·· 041
考点 58　共同犯罪中的身份犯 ·· 041

专题 10　罪数处理 ··· 043

考点 59　罪数的处理原则 ·· 043
考点 60　结果加重犯 ··· 044
考点 61　特别罪名 ··· 045
考点 62　加重情节 ··· 046
考点 63　转化犯 ·· 046
考点 64　事后不可罚 ··· 047

专题 11　量　刑 ·· 049

考点 65　主观题涉及的从重情节、加重情节与不需要数额的情节 ·········· 049
考点 66　一般累犯 ··· 050
考点 67　一般自首中"自动投案"的认定 ·· 050
考点 68　一般自首中"如实供述"的认定 ·· 051
考点 69　特别自首与坦白 ·· 051
考点 70　立　功 ·· 052
考点 71　追诉时效 ··· 053

专题 12　财产犯罪 054

- 考点 72　公开取得他人财物的认定 054
- 考点 73　扒窃、入户盗窃与携带凶器盗窃 055
- 考点 74　抢夺罪 055
- 考点 75　普通抢劫中的"压制反抗" 056
- 考点 76　转化抢劫（携带凶器型） 057
- 考点 77　转化抢劫（使用暴力或胁迫型） 057
- 考点 78　转化抢劫中的共犯问题 058
- 考点 79　转化抢劫中的错误问题 059
- 考点 80　抢劫致人重伤、死亡 060
- 考点 81　入户抢劫 061
- 考点 82　在公共交通工具上抢劫 061
- 考点 83　财产性利益与观点展示 062
- 考点 84　诈骗与敲诈勒索中"处分"的客观要件 062
- 考点 85　诈骗与敲诈勒索中"处分"的主观要件 063
- 考点 86　三角诈骗 064
- 考点 87　"两头骗"（导致双方受损）的问题 065
- 考点 88　诈骗与敲诈勒索的区分和竞合问题 065
- 考点 89　侵占罪 066
- 考点 90　从死者身上取财的定性 067
- 考点 91　保管人私自取得封缄物中内容物的问题 067
- 考点 92　转交贿款中私吞贿款的不同观点 068
- 考点 93　故意毁坏财物罪 069
- 考点 94　财产犯罪中的包容评价问题 069

专题 13　人身犯罪 070

- 考点 95　杀人、伤害与过失致人死亡的区分 070
- 考点 96　具体罪名中导致死亡问题的处理 071
- 考点 97　强奸罪 072
- 考点 98　强制猥亵罪、猥亵儿童罪 072
- 考点 99　非法拘禁罪、绑架罪与抢劫罪的区别 073
- 考点 100　非法拘禁罪的特殊情节 074
- 考点 101　非法拘禁罪与绑架罪的共犯问题 075

考点 102　绑架罪的特殊情节 ·· 075

考点 103　拐卖妇女、儿童罪与收买被拐卖的妇女、儿童罪 ···································· 076

专题 14　贪污贿赂犯罪 ·· 078

考点 104　国家工作人员身份 ·· 079

考点 105　让下级办事的受贿罪（普通受贿） ··· 079

考点 106　斡旋受贿 ·· 080

考点 107　利用影响力受贿罪 ·· 080

考点 108　转交贿款的模型 ··· 081

考点 109　受贿罪中的正当利益问题 ··· 082

考点 110　受贿罪和行贿罪的其他问题 ·· 083

考点 111　非国家工作人员受贿罪 ·· 084

考点 112　贪污罪与职务侵占罪 ··· 085

考点 113　挪用公款罪 ··· 086

专题 15　其他分则罪名 ·· 087

考点 114　"赃物犯罪"的成立 ·· 087

考点 115　"赃物犯罪"的内部区分和特性 ··· 088

考点 116　危险驾驶罪 ··· 088

考点 117　交通肇事罪的构成和加重情节 ··· 089

考点 118　拟制的交通肇事罪 ·· 090

考点 119　妨害公务罪与袭警罪 ··· 091

考点 120　信用卡诈骗罪 ·· 091

考点 121　信用卡诈骗的共犯问题 ·· 092

考点 122　骗取贷款罪与贷款诈骗罪 ··· 092

第二部分　综合案例　094

案例 1　"偷手机醉驾"案 ·· 094

案例 2　"车祸"案 ··· 096

案例 3　"情妇背刺"案 ··· 098

案例 4　"偷油"案 ··· 100

案例 5　"大乱斗"案 ·· 102

案例 6	"各怀鬼胎"案	104
案例 7	"项链"案	106
案例 8	"暗中望风"案	108
案例 9	"摩托车"案	110
案例 10	"霸王餐"案	112
案例 11	"狗咬狗"案	114
案例 12	"三包一"案	116
案例 13	"'虎口狼窝'逃生"案	118
案例 14	"一家人整整齐齐"案	120
案例 15	"暗中协助"案	122
案例 16	"补刀"案	124
案例 17	"好友"案	126
案例 18	"情妇背锅"案	128
案例 19	"被害恐惧症"案	130
案例 20	"偷彩票"案	132
案例 21	"生日试胆"案	134
案例 22	"杀手'两头吃'"案	136
案例 23	"盗窃变杀人放火"案	138
案例 24	"绑匪被同伙耍"案	140
案例 25	"管理房屋"案	142
案例 26	"报复领导"案	144
案例 27	"索要'通奸费'"案	146

附 录

附 录 148

附录 1　常见刑法概念的表述 148

附录 2　常见生活语言转化 151

知识点精粹 第一部分

专题 1 不作为犯和刑法中的行为

不作为犯的成立条件	应 为	有作为义务
	能 为	有作为可能性
	不 为	不履行义务
	结果回避可能性	如果履行了义务，则可以避免结果发生
	等价性	与作为犯具有等价值的可处罚性

考点 1　区分不作为犯和过失犯

成立不作为犯必须存在作为结果回避性，即"缓冲地带"。

如果结果当场发生，来不及制止，行为人不构成不作为犯。	如果交通肇事当场导致他人的死亡结果，行为人不可能构成"交通肇事逃逸致人死亡"。
如果行为人没有救助，被害人在短时间之内被他人有效救助但仍然死亡，行为人不构成不作为犯。	如果行为人交通肇事之后逃逸，被害人在5分钟之内被送医但仍然死亡，行为人不属于"交通肇事逃逸致人死亡"。

命题角度分析

考生要能从题目识别是从不作为犯的角度回答还是从过失犯的角度回答，找错角度就会大量失分。

[例] 2013年7月，被告人杨某某为了转移痛苦，与女儿（杨某艳）的同学张某某谈恋爱，后二人产生矛盾。杨某某购买硫酸倒入水杯中携带至张某某家中。杨某某手拿水杯对张某某说"真想泼到你脸上"，并欲拧开水杯盖子，但未能打开。张某某认为水杯中系

清水，为稳定自己情绪，接过水杯，拧了多次打开杯盖后，将水杯中的硫酸倒在自己的头上，致使自己身体多部位被硫酸烧伤。杨某某的行为如何定性？

分析思路："拧了多次"表明行为人有充足的时间，有"缓冲地带"，因此考虑不作为犯。

答：杨某某有伤害的故意，但在实行阶段因客观原因未能得逞，构成故意伤害罪（未遂）；同时，杨某某基于先行行为产生了作为义务，但没有采取任何有效防止措施，导致结果发生，构成不作为的故意伤害罪。总体上，对杨某某应以故意伤害罪论处。

考点2 不作为犯的义务来源

对特定危险源的管理义务	对危险物的管理义务	举例：动物园的饲养员对老虎的管理义务。
	对他人危险行为的管理义务	举例：父母对子女伤人行为的制止义务。
		注意：只有监护人对被监护人才有制止犯罪的义务，心智正常的成年人之间没有相互制止犯罪的义务。
	先前行为（升高风险的行为）	举例：过失导致他人重伤后的救助义务；正当防卫等合法行为也可能产生作为义务。
对特定对象的保护义务	基于制度、业务产生	举例：警察对公民的救助义务、保姆对孩子的救助义务。
	基于法律产生	举例：父母对子女的保护义务。
		注意：只有亲子关系和配偶关系之间存在法律上的救助义务，且配偶、子女的范围是广义的。
	基于自愿产生	举例：捡拾女婴后的抚养义务。
		点拨："自愿行为"需要先降低风险。如果从来没有降低过风险，则没有救助义务。
		注意：对无关陌生人的"见危不救"并不构成犯罪。
对特定领域的管理义务	对自己支配场所的管理义务	举例：舞厅老板有义务制止客人在舞厅组织淫秽表演。
	对自己身体的管理义务	举例：成年男子被幼女摸下体时有义务阻止，否则，构成不作为的猥亵儿童罪。
		对比：以上案例中，如果对方是成年妇女，则成年男子没有义务制止。

命题角度分析

考生需要熟练掌握不作为犯的义务来源，能判断案例中是否存在作为义务，以及作为的义务来源是什么。

万能金句 父母对子女有法律上的救助义务。父母在能够履行义务的情况下不作为，构成不作为的故意杀人罪（遗弃罪）。

[例] 颜某、韩某分头追赶周某，周某被赶到货船上，见无路可逃便跳入河中。颜某、韩某二人在船上见周某向前游了数米后又往回游，在水中挣扎，并向船上的颜某、韩某二人呼救。货船主人蒋某告诫二人"要出人命了"。船上虽有救生圈，但二人却无动于衷。颜某、韩某二人直到看见周某逐渐沉入水中、不见身影，才下船离开。在此期间，当地检察院的一位检察官张某一直在一旁观看，也没有救助周某。颜某、韩某、张某有无救助周某的义务？三人的行为如何定性？

答：①颜某、韩某将被害人赶入河中，基于先前行为存在救助义务，在能够作为的情况下不作为，构成不作为的故意杀人罪。②张某只对自己职责范围内的危险有作为义务，而对落水的周某并不存在救助义务。因此，张某不构成犯罪。

考点3 不作为犯的等价性

公民看到火灾不报警	和作为的放火行为不具有等价性	不构成不作为的放火罪。
警察看到公民被杀不救助	和作为的杀人行为不具有等价性	不构成不作为的故意杀人罪，只能构成程度较低的渎职罪（如滥用职权罪、玩忽职守罪）。

万能金句 甲遇到火情不报警的行为与作为的放火行为不具有等价性，因此不构成不作为的放火罪。

注意：公民看到火灾不报警无罪不是因为没有作为义务。我国《消防法》第44条第1款规定，任何公民看到火灾均有报警的义务。

[例] 警察甲接到报案：有歹徒正在杀害丙。甲立即前往现场，但只是站在现场观看，没有采取任何措施。此时，丙的丈夫乙路过现场，也未救助丙。最终，丙被歹徒杀死。甲、乙的行为分别如何定性？

答：①甲作为警察，对犯罪有制止义务。甲没有履行义务，但该行为与故意杀人罪不具有等价性，因此，甲构成滥用职权罪。②乙对丙有法律上的救助义务。乙在能够履行义务的情况下不履行义务，构成不作为的故意杀人罪。

考点4 刑法中的行为

刑法中的行为需要有"危害性"，如果本身是不具有危害性的行为，则不是刑法所讨论的行为，当然不可能存在正当防卫或者紧急避险的问题。

[例] 甲与收购废品的乙因琐事发生争吵，在甲举起拳头要击打乙的面部时，乙迅速拿起一个生锈的铁锅挡在自己面前。甲一拳打穿铁锅，造成自己的手部重伤。甲恼羞成怒，

驾车要撞向乙，乙立即躲在水泥墩后面。甲的车撞向水泥墩，车毁人亡。甲、乙的行为如何定性？

答：甲故意损害乙的身体健康，但在实行阶段因为客观原因未能得逞，构成故意伤害罪（未遂）；乙拿铁锅挡在自己面前的行为不属于刑法中的行为，不构成犯罪，也不属于正当防卫。之后甲驾车撞向乙（特定人），但在实行阶段因为客观原因未能得逞，构成故意杀人罪（未遂）；乙躲到水泥墩后面的行为不属于刑法中的行为，不构成犯罪，也不属于正当防卫。

专题 2　因果关系的判断

考点 5　特定因果流程

诈骗罪的 特定因果流程	被害人基于错误认识 处分财物	"诈骗要既遂， 对方认错主动给"	如果不符合特定因果流 程，所述三罪中，行为 人即使取得财物，也只 能成立犯罪未遂
敲诈勒索罪的 特定因果流程	被害人基于恐惧 处分财物	"敲诈要既遂， 对方恐惧魂魄飞"	
抢劫罪的 特定因果流程	行为人压制对方反抗 取得财物	"抢劫要既遂， 压制反抗不敢追"	

万能金句　甲虚构事实欺骗他人，取得财物，构成诈骗罪；但被害人并非基于错误认识处分财物，甲成立诈骗罪（未遂）。

注意：以上三罪中，如果要成立犯罪既遂，除了要符合特定因果流程之外，还要取得财物（发生结果）。例如，行为人诈骗他人，使得对方基于错误认识汇款，但如果发生汇错账户的情形，则行为人仍然构成诈骗罪（未遂）。

[例]　甲将自己的汽车藏匿，以汽车被盗为由向保险公司索赔。保险公司认为该案存有疑点，随即报警。在掌握充分证据后，侦查机关安排保险公司向甲"理赔"。甲到保险公司二楼财务室领取了 20 万元赔偿金后，刚走到一楼即被守候在此的多名侦查人员抓获。甲的行为如何定性？

答：甲作为投保人骗取保险金，构成保险诈骗罪；甲虽然取得了财物，但并非是基于对方错误认识，构成保险诈骗罪（未遂）。

考点 6　介入因素判断

被害人自杀以及 其他自陷风险行为	异常介入因素，切断原行为与结果之间的因果关系。
	例外1：如果对方缺乏心智能力，则其自杀或者自陷风险行为属于正常介入因素。
	例外2：虐待罪、暴力干涉婚姻自由罪中，被害人自杀一般是正常介入因素。
其他公民的犯罪行为	异常介入因素，切断原行为与结果之间的因果关系。
有义务者履行 职务不当的行为	异常介入因素，切断原行为与结果之间的因果关系。

续表

被害人重大过失	异常介入因素，切断原行为与结果之间的因果关系。
被害人求生动作	正常介入因素，不切断原行为与结果之间的因果关系。
高速公路上的自然二次碾压	正常介入因素，不切断原行为与结果之间的因果关系。
	如果是在交警保护现场之后，第三人闯入现场导致被害人死亡，则属于异常介入因素。

[万能金句] 在甲将被害人撞倒之后，乙在公路上碾压了被甲撞倒的被害人，导致其死亡。乙的行为属于正常介入因素，不切断因果关系，甲对被害人的死亡结果负责。

[例] 2014 年 7 月 2 日晚 21 时，古某驾驶小轿车碰撞到行走的被害人徐某，致其身体局部受伤倒地。古某驾车离开现场。22 时许，张某开车行至该路段，碰撞到躺在快车道上的徐某，造成徐某当场死亡。经交警大队事故责任认定，该事故第一次碰撞中，古某负事故全部责任，徐某无责任；第二次碰撞中，古某负事故同等责任，张某负事故同等责任，徐某无责任。古某是否要对徐某的死亡结果负责？

答：张某在快车道上碰撞到徐某导致其死亡，属于正常介入因素，不切断原行为与结果之间的因果关系，因此，古某对徐某的死亡结果负责，其行为构成交通肇事逃逸致人死亡。

考点 7 特殊体质与因果关系

被害人的特殊体质不影响因果关系的认定，行为人的行为和被害人的死亡结果之间仍然有因果关系，但可能因为行为人对死亡结果缺乏预见可能性，以意外事件处理。当然，如果行为人明知对方有特殊体质而追求死亡结果的发生，是故意犯罪。

[例] 行为人推了被害人一把，不料被害人有先天性心脏病，倒地身亡。行为人的行为如何定性？

答：行为人的行为导致了被害人的死亡结果，与被害人的死亡结果之间有因果关系，但其对死亡结果没有预见可能性，因此属于意外事件，行为人不构成犯罪。

命题角度分析

考生需要掌握特殊体质案件中行为人的行为的定性，包括因果关系的判断、主观罪过的判断，分层次作答，不要混淆。

专题 3　主观罪过

罪过 = 认识因素（A）+ 意志因素（W）

间接故意 = 对结果预见（A）+ 放任态度（W）

直接故意 = 对结果预见（A）+ 希望态度（W）

疏忽过失（疏忽大意的过失）= 对结果应当预见但没有预见（A）

轻信过失（过于自信的过失）= 对结果预见（A）+ 否定态度（W）

意外事件 = 对结果没有预见可能性（A）

注：以上"A"指的是认识因素，"W"指的是意志因素。

[口诀]（主观罪过的特征）直接希望间接放，轻信过失有预防。意外事件怎么样，预见不到不敢想。

考点8　间接故意

间接故意的概念	明知结果会发生而放任结果的发生。
间接故意的类型	为了追求一个合法的目的而放任一个危害社会的结果发生。
	为了追求一个非法的目的而放任另一个危害社会的结果发生。

[例] 董某吸毒后染上毒瘾。毒瘾发作，董某非常难受，但却没有钱购买毒品，此时正好有个孩子从董某身旁经过，董某便将孩子打晕，并将孩子放入麻袋之中捆好。后董某谎称麻袋中是一只小狗，卖给某经营狗肉火锅的饭店老板刘某，获得50元。刘某听到麻袋中有动静，便指使饭店厨师李某（17周岁）用扁担猛击麻袋，孩子发出微弱哭声。李某对刘某笑称"狗居然学人哭"，刘某也感到可笑。后李某再用扁担猛击麻袋，孩子死亡。两人解开麻袋，才发现里面是个孩子。董某将小孩卖给火锅店的行为应当如何定性？为什么？

答：董某将小孩冒充小狗卖给火锅店，对孩子的死亡结果持放任态度，构成故意杀人罪，且是间接故意；同时，董某出卖孩子的行为构成拐卖儿童罪。一个行为触犯数个罪名，对董某应当以故意杀人罪和拐卖儿童罪从一重罪论处。

考点9　故意犯罪的认识内容

罪　　名	要求认识的内容
盗窃枪支罪	需要明知犯罪对象是枪支。

续表

罪　　名	要求认识的内容
洗钱罪	需要明知上游犯罪属于毒品犯罪、黑社会性质的组织犯罪、恐怖活动犯罪、走私犯罪、贪污贿赂犯罪、破坏金融管理秩序犯罪、金融诈骗犯罪。
强奸罪（奸淫幼女型）	需要明知对方是不满14周岁的幼女。
猥亵儿童罪	需要明知对方是不满14周岁的儿童。
窝藏、包庇罪	需要明知对方是"犯罪的人"。
掩饰、隐瞒犯罪所得、犯罪所得收益罪	需要明知是犯罪所得及其收益。
财产犯罪	需要对数额具有认识的可能性。

万能金句 甲没有认识到对方是幼女而与其发生性关系的，不具有强奸的故意，不构成强奸罪。

[例] 2010年某日，甲到乙家，发现乙家徒四壁。甲见桌上有一块玉坠，断定是不值钱的仿制品，便顺手拿走。后甲对丙谎称该玉坠乃秦代文物，市值5万元，丙以3万元的价格将其买下。经鉴定，该玉坠乃清代文物，市值5000元。甲的行为如何定性？

答：甲认为玉坠为不值钱的仿制品具有一定的根据，其对"数额较大"没有认识，缺乏盗窃犯罪的故意，不构成盗窃罪。甲虚构事实、隐瞒真相，将所盗玉坠冒充秦代文物卖给丙，构成诈骗罪，数额为3万元。

注意：如果行为人没有认识到财物的真实数额，但其以为的数额也已经达到了财产犯罪的标准，则可能涉及观点展示的问题。

[例] 甲想敲诈勒索800万元的名画，但到手后发现该画只值5000元。对甲的行为的认定有两种观点：

观点1：甲构成敲诈勒索罪，且对800万元的数额负责，同时适用未遂的规定，从宽处罚；

观点2：甲构成敲诈勒索罪，且对5000元的数额负责。

命题角度分析

掌握故意犯罪需要认识的内容，以及如果对某些要素缺乏认识，应当如何处理。

考点10　法律认识错误

事实认识错误	对事实要素（如对象、方法等事实）产生了认识错误	如果缺乏犯罪的故意，则考虑能否成立过失犯罪。
		如果主观上也有犯罪的故意，则用"事实认识错误"理论解决。

续表

法律认识错误	对法律评价产生了认识错误	一般情况	"不知法者不免责":不影响性质的认定。	
		缺乏违法认识可能性	"不应知法者不为罪":缺乏违法认识可能性的,不构成犯罪。	行为人向公权力机关询问某行为是否违法,得出合法的答复后实施的(实际上违法),由于缺乏违法认识可能性,不构成犯罪。

[万能金句] 甲非法剥夺他人生命,构成故意杀人罪;甲没有产生事实认识错误,对法律的认识错误不影响犯罪的成立。

[例] 甲拘禁吸毒的陈某数日。甲认识到其行为剥夺了陈某的自由,但误以为《刑法》不禁止普通公民实施强制戒毒行为。甲的行为如何定性?

答:甲非法剥夺他人自由,构成非法拘禁罪;甲对法律的认识错误不影响犯罪的成立。

命题角度分析

学会在题目中区分事实认识错误和法律认识错误,知道法律认识错误的处理。

考点 11 过失犯的构成

过失犯的成立条件	过失犯需要违反特定注意义务。
	过失犯需要造成了实害结果。
	义务违反行为与实害结果之间存在因果关系,且符合法律规范的保护目的。

[例] 2014年7月5日,古某在逃跑过程中穿过一小镇时,在停靠于路边的收割机后玩耍的儿童李某突然想跑到公路对面,并横穿公路来到车前。正常驾驶的古某立即刹车,但仍未能阻止李某被汽车撞伤后死亡。后古某被愤怒的村民拦截,扭送至公安机关。经查,古某在此前的数小时内曾在限速40公里的路段以时速50公里行驶,并曾在限速110公里的路段以时速130公里的高速行驶。古某的超速行为与李某的死亡结果之间是否存在因果关系?为什么?

分析思路:从规范保护目的上说,法律禁止超速是为了防止在"此时此刻"撞到他人,而不是防止在以后的某一时刻因为"蝴蝶效应"撞到他人。因此,古某的超速行为与后来的事故之间没有因果关系。

答:古某的超速行为与李某的死亡结果之间不具有规范保护目的上的关联性,因此不能将李某的死亡结果客观归责于古某的超速行为,二者之间没有法律上的因果关系。

考点 12 ▶ 过于自信的过失

间接故意	对结果放任	为了追求一个合法的目的而放任一个危害社会的结果发生。
		为了追求一个非法的目的而放任另一个危害社会的结果发生。
过于自信的过失	对结果否定，轻信结果可以避免	往往体现在行为人具有预防结果发生的能力，或者采取了预防结果发生的措施。

[万能金句] 甲违反交通运输管理法规，造成他人死亡，构成交通肇事罪。甲轻信结果可以避免，属于过于自信的过失。

[例] 朱某因婚外恋产生了杀害妻子李某之念。某日清晨，朱某在给李某炸油饼时投放了可以致死的"毒鼠强"。朱某为防止其 6 岁的儿子吃饼中毒，将其子送到幼儿园，并嘱咐其子等他来接。不料当日李某提前下班后将其子接回，并与其子一起吃油饼。朱某得知后，赶忙回到家中，其妻、子均已中毒身亡。朱某的行为如何定性？

答：朱某追求妻子的死亡结果，属于直接故意，构成故意杀人罪；朱某为防止结果发生，采取了一定的预防措施，其轻信将儿子送去幼儿园可以避免儿子死亡结果的发生，属于过于自信的过失，构成过失致人死亡罪。

考点 13 ▶ 意外事件

常见的意外事件模型		惯常行为中出意外。例如，配合多年的马戏团成员突然改变行为模式，导致结果发生的，属于意外事件。
		特定情形下超出一般人预料的事件，如在下雨天驾车将躲在草堆下的流浪汉轧死。
	被害人特殊体质	特殊体质包括血友病、冠状粥样硬化性心脏病、先天性心脏病等。
		特殊体质不影响客观上因果关系的判断，但可能通过在主观上认定为意外事件而出罪。

[万能金句] 甲对结果缺乏预见可能性，属于意外事件，不构成犯罪。

[例] 黄某雇请程某伤害其前妻周某，声称只要将周某的手臂砍成轻伤就行，程某表示同意。当日，程某手中的水果刀正好划伤了周某的手臂（构成轻伤）。周某因患有血友病，受伤后流血不止而死亡。程某不知道周某患有血友病，但黄某知道。程某、黄某的行为如何认定？

答：程某有伤害他人的故意，但周某有特殊体质，程某对周某的死亡结果缺乏预见可能性，只构成故意伤害罪的基本犯。程某与黄某在故意伤害罪的范围内成立共同犯罪，黄某利用他人作为工具实施杀人行为，构成故意杀人罪的间接正犯。

专题 4　事实认识错误

分　　类			处　　理
人整错了	认错了	对象错误	故意犯罪既遂
	打偏了	打击错误	观点展示
人没整错	时间整错了	事前故意	观点展示
		结果提前实现	观点展示
	时间没错，方式整错了	狭义因果关系错误	故意犯罪既遂

考点 14 　对象错误及其处理

对象错误的概念	对象错误是指行为人对自己行为的侵害对象产生的错误认识。	
	对象错误在着手前（或者着手时）就发生了错误认识，是"着手前错误"。	
对象错误的处理	不影响犯罪既遂的成立。	
	如果题目要求观点展示	根据法定符合说，行为人构成犯罪既遂。
		根据具体符合说，行为人构成犯罪既遂。

万能金句　甲误将李四认作张三实施了杀人行为，属于对象错误，不影响犯罪既遂的成立，甲构成故意杀人罪（既遂）。

[例]　甲在乙骑摩托车必经的偏僻路段精心设置路障，欲让乙摔死。丙得知甲的杀人计划后，诱骗仇人丁骑车经过该路段，丁果真摔死。甲和丙的行为如何定性？

答：甲非法剥夺他人生命，虽然发生了对象错误，但不影响既遂的成立，构成故意杀人罪既遂。丙利用甲设置的路障实施了杀人行为，属于故意杀人罪的间接正犯。

考点 15 　打击错误及其处理

打击错误的概念	其指行为人意图侵害某一对象，却因为偏差侵害了另一对象。
	打击错误是在着手后发生的偏差。
打击错误的处理（观点展示）	根据法定符合说，主观、客观依次评价，代入"人"这一法律概念。
	根据具体符合说，主观、客观依次评价，代入具体的"人名"。

[例]　甲欲伤害乙，便向乙的腿部开枪，但开枪的结果是将丙打死。甲的行为如何定性？

答：甲意图伤害乙，结果导致丙死亡，属于打击错误。对此，存在两种不同的观点：

观点1：根据"法定符合说"，甲主观上存在伤害他人的故意，客观上导致了他人死亡，构成故意伤害罪（致人死亡）。

观点2：根据"具体符合说"，甲主观上意图伤害乙，但未得逞，构成故意伤害罪（未遂）；甲过失导致了丙死亡，构成过失致人死亡罪，从一重罪处罚。

考点 16　狭义因果关系错误及其处理

狭义因果关系错误的概念	其指结果的发生不是按照行为人所预期的进程来实现的情况。 狭义因果关系错误认定的前提是在结果发生的时间上没有重大的预期偏差，否则优先考虑认定"事前故意"和"结果提前实现"。
狭义因果关系错误的处理	不影响犯罪既遂的成立。

[万能金句] 甲意图用枪射杀他人，结果导致被害人被吓死，属于狭义因果关系错误，不影响犯罪既遂的成立，甲构成故意杀人罪（既遂）。

[例] 甲为杀害仇人林某而在偏僻处埋伏，见一黑影过来，以为是林某，便开枪射击。黑影倒地后，甲发现死者竟然是自己的父亲。事后查明，甲的子弹并未击中其父亲，其父亲系因患有严重心脏病，听到枪声后过度惊吓而死亡。甲的行为如何定性？

答：甲主观上意图非法剥夺他人生命，客观上导致他人死亡的结果，构成故意杀人罪。虽然甲存在对象错误和狭义因果关系错误，但均不影响犯罪既遂的认定，甲构成故意杀人罪（既遂）。

考点 17　结果提前实现及其处理

结果提前实现的概念	其指行为人所预想的结果提前实现了。 结果提前实现的认定前提是行为人已经着手实施犯罪，否则不属于结果提前实现。例如，甲购买毒药藏在柜子中准备下周毒死丈夫，丈夫却提前误触毒药死亡的，就不能套用"结果提前实现"的结论，甲成立故意杀人罪（预备）和过失致人死亡罪，数罪并罚。
结果提前实现的基础模型处理（观点展示）	观点1：将行为人的计划视为整体，行为人成立故意杀人罪（既遂）。 观点2：将行为人的计划拆分为故意杀人罪（未遂）与过失致人死亡罪，从一重罪处罚。

[例] 高某、夏某意图杀害钱某。二人到达小屋后，高某伺机抱住钱某，夏某掐钱某脖子。待钱某不能挣扎后，二人均误以为钱某已昏迷（实际上已经死亡），便准备给钱某身上绑上石块，将其扔入湖中溺死。此时，夏某突然反悔，对高某说："算了吧，教训她一

下就行了。"高某说："好吧，没你事了，你走吧！"夏某离开后，高某在钱某身上绑石块时，发现钱某已死亡。为了湮灭证据，高某将钱某的尸体扔入湖中。高某和夏某的行为如何定性？

答：高某和夏某主观上意图将钱某掐晕后溺死，却在实施过程中直接导致钱某死亡，属于结果提前实现。对此，有两种不同的观点：

观点1：二人有杀害钱某的故意，且导致钱某死亡，构成故意杀人罪（既遂）。

观点2：二人有溺死钱某的故意，但未以此法得逞，构成故意杀人罪（未遂）。在此过程中，二人不慎导致钱某死亡，构成过失致人死亡罪，与故意杀人罪（未遂）从一重罪处罚。

夏某在既遂结果发生后反悔，不属于共犯脱离，仍需要对钱某的死亡结果负责。

命题角度分析

考生在考试中需要学会识别结果提前实现，在处理结论上学会写出不同的观点。

考点18 事前故意及其处理

事前故意的概念	其指行为人所预想的结果推迟实现了。
事前故意的基础模型处理（观点展示）	观点1：将行为人的计划视为整体，行为人成立故意杀人罪（既遂）。
	观点2：将行为人的计划拆分为故意杀人罪（未遂）与过失致人死亡罪，数罪并罚。

注意：如果涉及在其他犯罪（如抢劫、绑架等）的过程中杀人，且发生事前故意，可以将死亡结果分别归属于前行为或者后行为，作为两个观点展示。

[例] 魏某听说同村村民刘某代收电费款后，萌生抢劫之念。次日凌晨2时许，魏某携带作案工具，翻墙进入刘某家中，发现刘某在东屋睡觉。后刘某被惊醒，魏某用钳子朝刘某的头部猛击，见刘某不动，在认为刘某已死亡的情况下，用钳子将抽屉撬开，将里面的9700元电费款拿走，并将刘某的手机、银行卡等物品搜刮一空。为了毁灭罪证，魏某用打火机点燃一些纤维编织袋扔在刘某所盖的被子上，导致刘某颅脑损伤后吸入一氧化碳窒息死亡、价值7209元的物品被烧毁。魏某的行为如何定性？

答：魏某入户实施抢劫，属于"入户抢劫"；其之后放火，构成放火罪，与抢劫罪数罪并罚。至于被害人刘某死亡结果的归属，有两种观点：

观点1：如果将死亡结果归属于魏某的抢劫行为，则魏某构成抢劫罪（致人死亡）与放火罪，数罪并罚；

观点2：如果将死亡结果归属于魏某的放火行为，则魏某构成放火罪（致人死亡）与抢劫罪，数罪并罚。

命题角度分析

考生在考试中需要学会识别事前故意，在处理结论上学会写出不同的观点。

考点 19　事前故意中的共犯问题

示例1	甲砍杀被害人，乙事后加入，和甲一同埋尸。	甲埋尸属于事后不可罚的行为，乙构成帮助毁灭证据罪。
示例2	甲砍杀被害人，误以为其死亡，和事后来帮忙的乙一同将其掩埋，导致被害人死亡。	甲属于事前故意；乙在不知情的情况下"埋尸"导致被害人死亡，构成过失致人死亡罪。
示例3	甲砍杀被害人，误以为其死亡。事后来帮忙的乙发现被害人没死，但没有告诉甲，而是和甲一同将其掩埋，导致被害人死亡。	甲属于事前故意；乙明知他人没死，亲自动手"埋尸"导致被害人死亡，属于故意杀人罪的直接正犯。
示例4	甲砍杀被害人，误以为其死亡。事后来帮忙的乙发现被害人没死，但没有告诉甲。之后甲在"埋尸"的时候，乙在旁边大喊"加油"，导致被害人死亡。（观点展示）	甲属于事前故意，对此可能有两种观点： 观点1：如果甲被认定为故意杀人罪既遂，乙属于帮助犯； 观点2：如果甲被认定为故意杀人罪未遂和过失致人死亡罪，数罪并罚，乙在后半段利用甲实施了杀人行为，属于间接正犯。

[例]　赵某砍杀钱某后叫来朋友孙某，二人一起将钱某抬至汽车的后座，由赵某开车，孙某坐在钱某身边。开车期间，赵某不断地说"真不该一时冲动""悔之晚矣"。其间，孙某感觉钱某身体动了一下，仔细查看，发现钱某并没有死。但是，孙某未将此事告诉赵某。到野外后，赵某一人挖坑并将钱某埋入地下（致钱某窒息身亡），孙某一直站在旁边没做什么，只是反复催促赵某动作快一点。赵某和孙某的行为如何定性？

答：赵某属于事前故意，对此有两种不同的观点：

观点1：赵某有杀人故意，导致他人死亡的结果，构成故意杀人罪（既遂）；孙某在中途强化了赵某的犯意，属于故意杀人罪的帮助犯。

观点2：赵某有砍杀钱某的故意，但未以此法得逞，构成故意杀人罪（未遂），之后的"埋尸"行为构成过失致人死亡罪，与故意杀人罪（未遂）数罪并罚；孙某利用不知情的赵某的"埋尸"行为杀害了钱某，属于故意杀人罪的间接正犯。

考点 20　不同犯罪构成间错误的包容评价问题

[包容评价思维]　如果行为人主观和客观的罪名可以包容评价，则认定为轻罪的既遂（根据"有利于行为人"的原则，只能把重的评价为轻的）；如果还另外构成重罪的未遂犯，则从一重罪处罚。

续表

	多出要素	包容评价结果
盗窃与盗窃枪支	"枪"这一要素	盗窃罪
强奸与侮辱尸体	对象的生命力	侮辱尸体罪
盗窃和侵占	破坏他人占有的过程	侵占罪
间接正犯和教唆犯	支配力	教唆犯

[例1] 甲想偷普通财物，回家后发现偷到的是枪支。甲的行为如何定性？

答：甲主观上意图盗窃，客观上盗窃了枪支，评价为轻罪，即盗窃罪既遂。

[例2]（对比）甲想偷枪支，回家后发现偷到的是普通财物。甲的行为如何定性？

答：甲主观上意图盗窃枪支，客观上触犯盗窃罪，评价为轻罪，即盗窃罪既遂；同时，甲主观上意图盗窃枪支，但未得逞，构成盗窃枪支罪（未遂），与盗窃罪从一重罪处罚。

❗注意：如果行为人主客观的罪名不能包容评价，则只能将主观和客观分别评价为犯罪未遂和过失犯罪（如果刑法有相关过失犯的规定）。

[例] 甲意图射杀馆长，却将旁边的文物打碎。甲的行为如何定性？

答：甲主观上有杀人的故意，但未得逞，属于故意杀人罪（未遂）；同时，甲构成过失损毁文物罪，从一重罪处罚。

📝 命题角度分析

考生需要掌握不同犯罪构成间错误的包容评价问题，学会就此类案件写出处理结论。

专题 5 正当防卫

	正当防卫的成立条件	缺乏该条件可能构成的概念	处 理
前提条件	存在不法侵害	假想防卫（好心办坏事）	不构成故意犯罪
主观条件	有防卫意思	偶然防卫（坏心办好事）	根据不同学说，处理不同
时间条件	侵害进行中	防卫不适时	可能故意犯罪，可能过失犯罪
对象条件	侵害者本人	紧急避险	无 罪
限度条件	必需（不要求保大损小）	防卫过当	可能故意犯罪，可能过失犯罪

考点 21 正当防卫的对象

正当防卫的对象	"不法侵害"。
对正当防卫、紧急避险等合法行为不能防卫	正当防卫、紧急避险是合法行为，不是不法侵害。
对精神病人、孩童的不法侵害可以防卫	精神病人、孩童虽然不负刑事责任，但其行为仍属于不法侵害。
不法侵害可以是针对第三人的，"见义勇为"不影响正当防卫的成立。		
动物的主人唆使动物袭击他人的，行为人可以对主人饲养的动物（财物）进行正当防卫。		

💡 **注意**：正当防卫针对的是不法侵害人本人，但可以是为了保护第三人的利益，不限于保护自己的利益。

[例] 刘甲（精神病人）来到李某家厨房外，用尖刀割开厨房纱窗。李某用铁管打了刘甲一下，刘甲遂躲进院内玉米地。李某持铁管进玉米地寻找刘甲，在玉米地里与刘甲相遇。刘甲持尖刀袭击李某，李某持铁管击打刘甲。刘甲的父亲刘乙为了帮刘甲而用木棍打了李某，造成李某轻伤。刘乙的行为是否属于正当防卫？是否属于紧急避险？

答：李某持铁管对刘甲进行反击的行为，属于正当防卫；刘乙不可以对此再进行正当防卫。同时，由于刘甲是"自招风险"，刘乙的行为也不属于紧急避险。

📝 **命题角度分析**

考生需要熟练掌握正当防卫的对象，以及对精神病人能否正当防卫。

考点 22　假想防卫

误以为存在不法侵害而进行"防卫"的	属于假想防卫	有过失	过失致人死亡的，构成过失致人死亡罪。
			过失致人重伤的，构成过失致人重伤罪。
			过失致人轻伤的，不构成犯罪。
		没有过失的，认定为意外事件，不构成犯罪。	

万能金句 甲误以为存在不法侵害而进行"防卫"，属于假想防卫，且甲存在一定过失，造成乙重伤的，构成过失致人重伤罪。

[例] 因身上有血迹，甲被便衣警察程某盘查。程某上前拽住甲的衣领，试图将其带走。甲怀疑遇上劫匪，与程某扭打。甲的朋友乙开黑车经过此地，见状停车，和甲一起殴打程某。程某边退边说："你们不要乱来，我是警察。"甲对乙说："别听他的，假警察该打。"程某被打倒在地，摔成轻伤。甲、乙的行为应当如何定性？理由是什么？

答：甲、乙二人误以为存在不法侵害而进行"防卫"，属于假想防卫，存在一定过失，但过失致人轻伤不构成犯罪，因此，甲、乙二人无罪。

考点 23　防卫意思与偶然防卫

主观上意图犯罪，但客观上造成了防卫效果	属于偶然防卫（观点展示）	常见模型	甲杀害了仇人乙。后查明，在甲杀人时，乙正瞄准丙准备开枪，甲的行为恰好救了丙。（螳螂捕蝉，黄雀在后）
			甲和乙挥刀砍丙，甲不慎将乙砍伤，丙趁机逃跑。（误伤队友）
		处理	根据"防卫意思不要说"，偶然防卫是正当防卫，行为人对误伤的人不构成犯罪。
			根据"防卫意思必要说"，偶然防卫不是正当防卫，行为人对误伤的人构成犯罪。

[例] 林业主管部门工作人员赵某与郑某上山检查时，刘某与任某为了抗拒抓捕，对赵某与郑某实施暴力，赵某与郑某反击，形成互殴状态。刘某攻击郑某时，郑某及时躲闪，导致刘某击中了同伙任某，任某被打成轻伤。刘某的行为如何定性？

答：刘某意图实施不法侵害，但将同伙任某打伤，造成了防卫效果，属于偶然防卫。对此，有两种不同的观点：

观点1：根据"防卫意思不要说"，刘某对任某属于正当防卫，不构成犯罪；

观点2：根据"防卫意思必要说"，刘某对任某构成故意伤害罪。

注意：如果考试还问及刘某对郑某的伤害行为的定性，虽然"防卫意思不要说"认为刘某对任某不构成犯罪，但刘某意图伤害郑某是不争的事实，因此，刘某一定对郑某构成故意伤害罪（未遂）；如果考试没有问及刘某对郑某的伤害行为的定性，默认回答对任某的伤害行为的定性。

考点24 ▶▶ 正当防卫的时间要求

正当防卫的时间要求	不法侵害正在进行。
具体标准	有些犯罪或者行为本身不具有紧迫性，不得进行防卫，如组织卖淫。
	设置防卫装置并不必然违反侵害"紧迫性"的要求，但是要成立正当防卫需要同时满足两个条件：①不能侵害其他法益，如公共安全；②手段具有相当性。
	在侵害人已经取得财物的情况下，即使实际侵害已经结束，被害人也可以防卫，防卫时机延续到追捕过程中，直到侵害人将财物藏匿为止。
	如果不法侵害已经实际结束，就不得再进行正当防卫，否则属于事后防卫，一般构成故意犯罪。
防卫不适时的处理	不法侵害结束之后实施杀人或伤害行为的，是故意犯罪。

[万能金句] 由于不法侵害已经结束，甲不得再对乙进行正当防卫，其非法剥夺他人生命的行为，构成故意杀人罪。

[例] 张某的次子乙平时经常因琐事滋事生非，无端打骂张某。一日，乙与其妻发生争吵，张某过来劝说。乙转而辱骂张某并将其踢倒在地，掏出身上的水果刀欲刺张某。张某起身逃跑，乙随后紧追。张某的长子甲见状，随手从门口拿起扁担朝乙的颈部打了一下，将乙打昏在地。张某顺手拿起地上的石头转身回来朝乙的头部猛砸数下，致乙死亡。张某、甲的行为应当如何定性？

答：在乙追杀张某时，为保护张某的个人权利，甲以扁担打向乙的颈部，致其晕倒在地，属于正当防卫，不构成犯罪；张某在不法侵害结束之后实施侵害行为，不属于正当防卫，构成故意杀人罪。

考点25 ▶▶ 正当防卫的限度

实施防卫行为造成轻伤的，一般不属于过当。	
"特殊防卫权"：对正在进行行凶、杀人、抢劫、强奸、绑架以及其他严重危及人身安全的暴力犯罪，采取防卫行为，造成不法侵害人伤亡的，不属于防卫过当，不负刑事责任。	不限于"杀人、抢劫、强奸、绑架"这几个罪名。
	不法侵害必须"严重危及人身安全"，对轻微暴力不能行使"特殊防卫权"。
	不法侵害必须是暴力犯罪，对以平和手段实施的人身犯罪不能行使"特殊防卫权"。

万能金句 甲的防卫行为超出了必要限度，造成重大损害，属于防卫过当，属于故意伤害致人死亡。

[例] 齐某站在汽车引擎盖上摇晃、攀爬院子大门，欲强行进入，朱某持铁叉阻拦后报警。齐某爬上院墙，在墙上用瓦片掷砸朱某。朱某躲到一边，并从屋内拿出宰羊刀防备。随后，齐某跳入院内徒手与朱某撕扯，朱某持宰羊刀刺中齐某胸部，致其死亡。朱某的行为如何定性？

答：齐某的暴力没有达到"严重危及人身安全"的程度，朱某实施防卫行为导致齐某死亡，属于防卫过当，构成故意伤害罪（致人死亡）。

考点26 打击错误中涉及的防卫问题

想打好人，打击错误打到另一个好人（观点展示）	观点1：根据法定符合说，行为人成立犯罪既遂。
	观点2：根据具体符合说，行为人成立犯罪未遂与过失致人死亡罪，从一重罪处罚。
想打坏人（侵害者），打击错误打到好人（观点展示）	观点1：把好人、坏人视为整体，行为人成立正当防卫。
	观点2：把好人、坏人分开评价，行为人成立紧急避险。
	观点3：把好人、坏人分开评价，强调过失，行为人成立假想防卫。
想打坏人，打击错误打到另一个坏人（观点展示）	观点1：把两个坏人视为整体，行为人成立正当防卫。
	观点2：把两个坏人分开评价，行为人成立偶然防卫。

[例] 甲、乙合谋杀害丙，计划由甲对丙实施砍杀，乙持枪埋伏于远方暗处，若丙逃跑则伺机射杀。案发时，丙不知道乙的存在。为阻止甲的不法侵害，丙开枪射杀甲，子弹与甲擦肩而过，击中远处的乙，致乙死亡。丙的行为如何定性？

答：丙意图对甲进行正当防卫，却导致乙死亡，对此存在两种观点：

观点1：丙针对他人的不法侵害进行反击，造成他人死亡的结果，属于正当防卫，不构成犯罪；

观点2：丙在针对甲的不法侵害进行反击时发生了行为偏差，其行为是"具有危险性"的行为，但在客观上实现了防卫效果，导致了乙死亡的结果，属于偶然防卫。

命题角度分析

考生需要学会处理打击错误中涉及的正当防卫的问题，学会写观点展示。如果既涉及打击错误的问题，又涉及正当防卫的问题，则需要分别从两个角度分析。

专题 6　紧急避险和被害人承诺

考点27　紧急避险

紧急避险的条件	起因条件	存在现实危险，不能是"自招"的风险，且需要为了保护合法利益。
	时间条件	正在发生。
	意识条件	偶然避险，分析思路同偶然防卫。
	补充条件	不得已而为之。
		负有特定义务的人不得避险，如消防员。
	限度条件	所保护的法益>损害的法益。
		对生命不得进行紧急避险。
		避险过当：应当负刑事责任，但应当减轻或免除处罚。

[万能金句] 甲被乙追杀，为了避免正在发生的危险，不得已损害了第三人的财产法益，属于紧急避险，不构成犯罪。

[例] 鱼塘边的工厂仓库着火，甲用水泵从乙的鱼塘抽水救火，致鱼塘中价值2万元的鱼苗死亡。仓库中价值2万元的商品因灭火及时未被烧毁。甲承认仓库边还有其他几家鱼塘，为了报复才从乙的鱼塘抽水。甲的行为如何定性？

答：甲为了使本人的财产法益免受正在发生的危险的侵害，不得已给乙造成了损害，其行为不但避免了2万元的财物被烧毁，而且避免了人员伤亡与仓库被烧毁，保全了更大的法益，符合紧急避险的限度条件。因此，甲的行为属于紧急避险，不构成犯罪。

考点28　被害人承诺

真实承诺	承诺必须是对方的真实意思。
承诺权限	不能承诺别人的法益。
承诺能力	幼儿、精神病人没有承诺能力。
承诺范围	（1）任何人对生命、重大健康的承诺均无效。 [注意]：刑法中，切大拇指是重伤，切小手指是轻伤。 （2）幼女对性自主权的承诺无效，与幼女发生性关系的，构成强奸。 （3）未成年人对器官的承诺无效，割走未成年人器官的，构成故意伤害罪。
承诺时间	事后作出承诺无效，事后撤回承诺也无效。

续表

承诺意思	基于重大错误作出的承诺无效，但基于对价的错误处分人身法益的承诺有效。 ［例］甲为了移民与乙发生性关系，无论之后是否得到对价，甲的承诺均有效，乙不构成强奸罪。
	基于对本质法益的重大错误而作出的承诺无效。 ［例］欺骗母亲说女儿需要眼角膜，让她"捐出"眼角膜的，被害人的承诺无效，行为人构成故意伤害罪。

万能金句 乙同意甲对自己造成轻伤，其对轻伤作出的承诺有效，甲的行为不具有法益侵害性，不构成故意伤害罪。

［例］李某同意丁砍掉自己的一个小手指，而丁却砍掉了李某的大拇指。丁的行为如何定性？

答：丁故意损害他人身体健康，其实施的伤害行为超出了李某的承诺范围，李某的承诺无效，丁构成故意伤害罪（致人重伤）。

专题 7 刑事责任

考点 29 刑事责任年龄

法律上的周岁从生日的第二天起计算。

已满 12 周岁 不满 14 周岁的人	犯故意杀人、故意伤害罪，致人死亡或者以特别残忍手段致人重伤造成严重残疾，情节恶劣，经最高人民检察院核准追诉的，应当负刑事责任。
已满 14 周岁 不满 16 周岁的人	犯故意杀人、故意伤害致人重伤或者死亡、强奸、抢劫、贩卖毒品、放火、爆炸、投放危险物质罪的，应当负刑事责任。

万能金句 甲虽然在客观上实施了杀人行为，但因没有达到刑事责任年龄，不负刑事责任。

注意：虽然行为发生在缺乏责任的时候，但结果发生在有责任的时候，不影响刑事责任的追究。但如果在有责任的时候，行为人有作为的可能性而不作为，可能构成不作为犯。例如，行为人在 13 岁时放炸弹，炸弹在其 15 岁时爆炸的，行为人可能构成不作为的爆炸罪。

[例] 甲男（15 周岁）与乙女（16 周岁）因缺钱，共同绑架富商之子丙，成功索得 50 万元赎金。甲担心丙将来可能认出他们，提议杀丙，乙同意。乙给甲一根绳子，甲用绳子勒死丙。甲和乙的行为如何认定？

答：甲、乙均触犯故意杀人罪，因而在故意杀人罪的范围内成立共同犯罪。乙在实施绑架之后帮助甲杀害被绑架人，构成绑架罪，属于"绑架并杀害被绑架人"，加重处罚；甲不满 16 周岁，不对绑架罪负刑事责任，只对故意杀人罪负刑事责任。

考点 30 原因自由行为

生理性醉酒	应当负刑事责任。		
病理性醉酒或者吸毒陷入缺乏责任的状态	精神正常时无具体犯罪意图	第一次陷入该状态造成损害	过失犯罪
		多次陷入该状态造成损害	故意犯罪
	精神正常时有具体犯罪意图	精神正常时主观上意图实施特定犯罪，没有得逞的，认定为犯罪未遂。	
		看无责任状态时造成的结果是否可以被精神正常时主观上的故意所包含，如果可以，还成立特定罪名。	

[万能金句] 甲多次病理性醉酒，陷入无责任能力状态实施杀人行为，其主观上存在故意，成立故意杀人罪。

[例1] 甲自幼有病理性醉酒的毛病，一旦喝醉，就成为完全精神病人。某日，甲欲抢劫乙女，于是甲故意让自己喝醉，之后将乙女打成重伤。甲的行为如何认定？

答：甲精神正常时主观上具有抢劫的故意，但未取得财物，构成抢劫罪（未遂）；甲造成的伤害后果可以被其精神正常时主观上具有的抢劫故意所包含，因此，甲还构成故意伤害罪。甲构成抢劫罪（未遂）和故意伤害罪，从一重罪处罚。

[例2]（对比）甲自幼有病理性醉酒的毛病，一旦喝醉，就成为完全精神病人。某日，甲欲抢劫乙女，于是甲故意让自己喝醉，之后对乙女实施了强奸行为。甲的行为如何认定？

答：甲精神正常时主观上具有抢劫的故意，但未取得财物，构成抢劫罪（未遂）；甲在无责任状态下实施的强奸行为不可以被其精神正常时主观上具有的抢劫故意所包含，因此，甲仅构成抢劫罪（未遂）。

📝 命题角度分析

原因自由行为经常和"主客观相统一"的知识点结合考查，考生需要熟练掌握。

专题 8 未完成罪

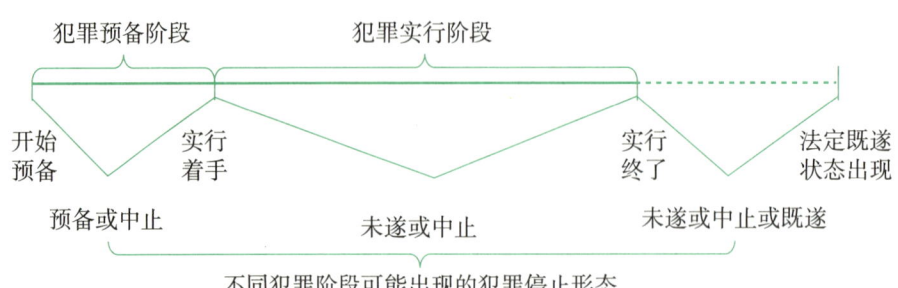

```
犯罪预备阶段          犯罪实行阶段
开始      实行                          实行        法定既遂
预备      着手                          终了        状态出现
预备或中止        未遂或中止        未遂或中止或既遂
         不同犯罪阶段可能出现的犯罪停止形态
```

考点 31 犯罪既遂

	既遂标准
故意杀人罪	被害人死亡时既遂。
非法拘禁罪	一般是控制他人时既遂。
拐卖妇女、儿童罪	
绑架罪	
财产犯罪	如果是小件物品，如耳环、项链、戒指等，入手、入兜、入袋即为犯罪既遂。 / 如果是大件物品，出门、出店即为犯罪既遂。 / 如果行为人将财物藏在一个"只有他知道"的地方，即使还在被害人家中或者家附近，行为人也是犯罪既遂。
受贿罪	收受贿赂时既遂，不要求取出钱或者实际使用。

财产犯罪一栏右侧附注：抢劫罪中，造成轻伤以上结果的，也可以认定为既遂。

注意：犯罪既遂之后，就不可能再成立犯罪预备、未遂或者中止。

万能金句 甲打破他人占有、建立新的占有，构成盗窃罪，且已经取得财物，属于犯罪既遂。

[例] 甲潜入乙的住宅盗窃，将乙的皮箱（内有现金 3 万元）扔到院墙外，准备一会儿翻墙出去再捡。偶然经过此处的丙发现皮箱无人看管，遂将其拿走，据为己有。15 分钟后，甲来到院墙外，发现皮箱已无踪影。甲、丙的行为如何定性？

答：甲入户盗窃，将皮箱扔到院墙外，已经取得财物，构成盗窃罪（既遂）。丙主观上以为皮箱是遗失物而据为己有，有侵占的故意；客观上打破他人占有、建立新的占有，属于盗窃行为。主客观相统一，丙构成侵占罪。

考点 32 未完成形态的终局性

如果犯罪未完成形态已呈终局,则不可能再成立其他犯罪未完成形态。即,如果已经成立犯罪未遂,则不可能再成立犯罪中止;如果已经成立犯罪中止,则不可能再成立犯罪未遂。

[例] 甲砍乙数刀后离开,2 小时后为了毁灭证据回到现场,发现乙还没死,心生怜悯,将乙送医,乙被救活。甲的行为如何定性?

答:甲意图非法剥夺他人生命,构成故意杀人罪;2 小时后甲回到现场发现被害人乙尚未死亡,成立犯罪未遂,不再成立犯罪中止。

命题角度分析

考生需要掌握犯罪未完成形态的终局性,即一个犯罪成立未遂之后不再成立中止,反之亦然。

考点 33 犯罪未遂

停止阶段	实行阶段	实行阶段的标志是行为已"着手"。所谓"着手",是指已经对法益产生了"现实、紧迫、直接的危险"。
停止原因	客观原因。	
处 理	可以比照既遂犯从轻或者减轻处罚(从宽处罚)。	

万能金句 甲意图非法剥夺他人生命,但在实行阶段因为客观原因未能得逞,构成故意杀人罪未遂,可以比照既遂犯从轻或者减轻处罚(从宽处罚)。

[例] 被告人杨某某为了转移痛苦,与女儿(杨某艳)的同学张某某谈恋爱,后二人产生矛盾。杨某某购买硫酸倒入水杯中携带至张某某家。杨某某手拿水杯对张某某说"真想泼到你脸上",并欲拧开水杯盖子,但未能打开。杨某某的行为如何定性?

答:杨某某具有伤害的故意,已经对他人的人身法益产生了现实、紧迫、直接的危险,但在实行阶段因客观原因未能得逞,构成故意伤害罪未遂,可以比照既遂犯从轻或者减轻处罚。

考点 34 犯罪中止的自动性

停止阶段	预备阶段	预备阶段中止。
	实行阶段	实行阶段中止。

续表

停止原因	主观原因	在没有认错的情况下	行为人能够既遂而放弃	行为人因为轻微阻力放弃犯罪的，属于犯罪中止。
			行为人不能既遂而放弃	行为人因为较大阻力放弃犯罪的，属于犯罪未遂。
		在认错的情况下	行为人认为能够既遂而放弃（实际上不能既遂）	犯罪中止
			行为人认为不能既遂而放弃（实际上可以既遂）	犯罪未遂

按照行为人主观上认识的事实判断能否既遂。

万能金句 甲在预备阶段因为主观原因放弃犯罪，属于预备阶段中止，由于没有造成损害，应当免除处罚。

[例] 甲意图撬开保险箱窃取他人财物，在撬保险箱的过程中主动放弃。事后查明，保险箱内没有任何财物。甲的行为如何定性？

答：甲意图打破他人对财物的占有、建立新的占有，构成盗窃罪。甲在主观上认为可以既遂的情况下自愿放弃犯罪，属于犯罪中止，由于没有造成损害，因此应当免除处罚。

命题角度分析

考生需要熟练掌握犯罪中止的自动性要件，以及在出现认识错误的情况下如何处理。

考点 35 犯罪中止的有效性

行为人有中止行为，但未能防止结果发生	行为人成立犯罪既遂。
行为人有中止表现后，异常介入因素导致结果发生	行为人成立犯罪中止。

万能金句 甲虽有中止行为，但未能避免被害人死亡结果的发生，不成立犯罪中止，而构成故意杀人罪既遂。

[例] 甲向乙的饮食投放毒药后，乙呕吐不止，甲顿生悔意，急忙开车送乙去医院，但由于前方交通事故耽误了1小时，乙被送往医院时已死亡。医生证明，早半小时送到医院乙就不会死亡。甲的行为如何定性？

分析思路："由于前方交通事故耽误"是指他人发生交通事故而引发的堵车，不是异常介入因素。如果题目的表述是"甲发生了交通事故"，这才是异常介入因素。

答：甲意图非法剥夺他人生命，构成故意杀人罪。甲有中止行为，但未能避免乙死亡结果的发生，属于犯罪既遂。

考点 36　犯罪中止的处罚

造成损害的	应当减轻处罚	"损害"的认定	如果行为符合一个轻罪构成，应当认定为"造成损害"。例如，已经非法侵入他人住宅的，应当认定为"造成损害"。
未造成损害的	应当免除处罚		中止行为本身造成的损害（救助产生的损害），不属于"造成损害的中止"。如果构成其他犯罪，另行评价。

❗注意：犯罪中止的处罚取决于有无造成后果，与哪个阶段的中止无关。

[例] 张某普路过陈某（女）住处，见陈某独自在房内睡觉，遂产生了强奸的念头。张某普从窗户进入室内，从室内拿了一根绳子将陈某捆绑实施了奸淫。后张某普又将陈某捆绑，因害怕陈某报警，便用手掐其颈部，意图灭口，因发现陈某面容恐怖，心生恐惧，不忍心下手，遂解开陈某手脚上的绳子，逃离现场（对陈某的勒颈行为造成了陈某颈部勒痕等轻微伤）。张某普的行为如何定性？

分析思路："轻微伤"没有达到故意伤害罪的入罪标准，不属于"造成损害"。

答：张某普通过暴力方式压制反抗、强行与他人发生性关系，构成强奸罪；之后张某普意图非法剥夺他人生命，构成故意杀人罪，但在实行阶段因主观原因放弃犯罪，属于实行阶段中止，由于未造成损害，应当免除处罚。

考点 37　中止行为本身造成的损害

对犯罪中止的行为本身造成的损害单独定罪，不能评价到"造成损害的中止"当中。如果是不得已造成的损害，一般也不构成紧急避险，因为行为人之前主动实施了侵害行为，属于"自招风险"，不得紧急避险。

[例] 张某与于某发生口角，起了杀心，用柴刀砍了于某一刀（轻微伤）后，突然心生怜悯，欲将其送往医院。不料因严重超载，在将于某送往医院的途中发生车祸，导致于某重伤。张某的行为如何定性？

答：张某意图非法剥夺他人生命，构成故意杀人罪，但在实行阶段因为主观原因放弃犯罪，属于实行阶段中止，应当免除处罚。之后其违反交通运输管理法规造成于某重伤，且有严重超载情节，构成交通肇事罪，与故意杀人罪数罪并罚。

📝 命题角度分析

考生需要掌握这一类型的问题：如果中止行为本身造成了损害，应该如何处理？

专题 9 共同犯罪

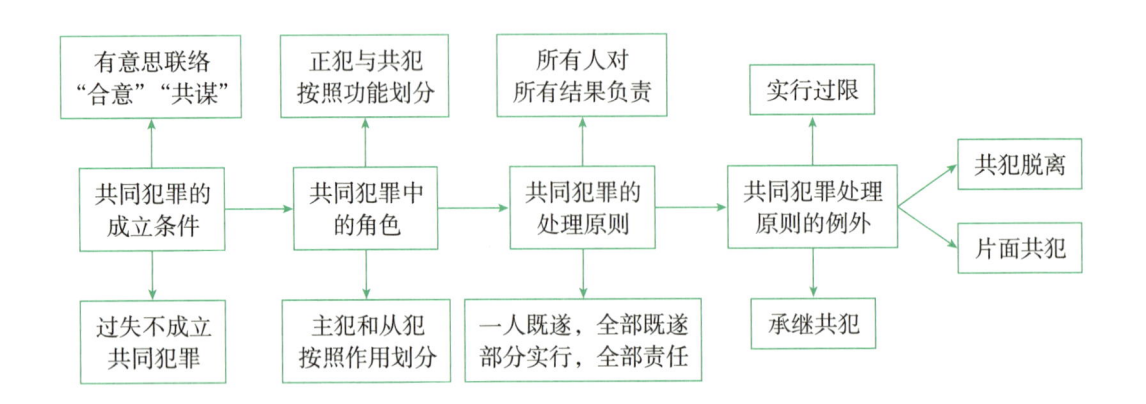

```
有意思联络            正犯与共犯          所有人对
"合意""共谋"        按照功能划分      所有结果负责        实行过限
      ↓                    ↓                    ↓                ↓                  → 共犯脱离
  共同犯罪的   →    共同犯罪中   →   共同犯罪的  →  共同犯罪处理
   成立条件          的角色            处理原则       原则的例外       → 片面共犯
      ↓                    ↓                    ↓                ↓
   过失不成立        主犯和从犯       一人既遂,全部既遂    承继共犯
    共同犯罪        按照作用划分     部分实行,全部责任
```

考点 38 共同犯罪的意义

刑法中的结果归属体系（归责体系）	(1) 因果关系归责（Plan A）。如果存在因果关系，直接将结果归属于行为人。	在无介入因素的情况下，用条件说。
		在有介入因素的情况下，用相当因果关系说（看介入因素是否异常）。
	(2) 共同犯罪归责（Plan B）。如果成立共同犯罪，原则上所有人都对结果负责。	
	如果符合以上任何一种情况，则可以将结果归属于行为人；如果两种都不符合，则行为人不对结果负责。	
认定是否归责后对量刑的影响	在故意杀人罪中，是否归责决定了成立既遂还是未遂。	
	在故意伤害、强奸等罪中，是否归责决定了成立基本犯还是结果加重犯。	
	在过失犯罪中，是否归责决定了是否成立犯罪。	

❶ 注意 1：共同犯罪归责（Plan B）是基于共犯处理的原则（"一人既遂，全部既遂""部分实行，全部责任"），如果"查不清"问题中出现了"片面共犯""承继共犯"等共犯处理的例外情况，就不能直接由"成立共同犯罪"得出归责的结论。

❶ 注意 2："不对结果负责"不等于"不负刑事责任"。例如，行为人不对结果负责的，可能成立犯罪未遂，依然要对未遂负刑事责任。

[例] 甲、乙应当预见但没有预见山下有人，共同推下山上的一块石头，砸死了丙。甲和乙的行为如何定性？

分析思路：此处不需要再分析甲、乙二人是否成立共犯的问题，因为因果关系归责（Plan A）已满足。

答：甲、乙的行为与丙的死亡结果之间均存在因果关系，且均具有过失，因此，甲、乙均构成过失致人死亡罪。

考点 39　共同犯罪的成立条件

形式条件	2人以上有合意。
实质条件	共同犯罪人必须是故意犯罪。（此处有观点展示）

[万能金句] 甲和乙共谋实施盗窃，是盗窃罪的共同犯罪。

[例]　某地政府为村民发放扶贫补贴，由各村村委会主任审核本村的申请材料并分发补贴款。某村村委会主任王某、会计刘某以及村民陈某合谋伪造申请材料，企图每人套取5万元补贴款。王某任期届满，周某继任村委会主任后，政府才将补贴款拨到村委会。周某在分发补贴款时，发现了王某、刘某和陈某的企图，便只发给三人各3万元，将剩余6万元据为己有。三人心知肚明，但不敢声张。四人是否成立共同犯罪？

答：王某、刘某、陈某、周某成立贪污罪的共同犯罪。周某知道王某、刘某、陈某三人侵吞公共财物的行为，心照不宣并分配利益，王某、刘某、陈某三人也默认了分配方案，四人已经形成合意，成立贪污罪的共同犯罪。

注意：共同犯罪必须是故意犯罪是通说观点，但是也有学者认为，过失可以成立共同犯罪，这样就存在观点展示的问题。

[例]　甲、乙上山去打猎，听见一茅屋旁的草丛中有动静，以为是兔子，于是一起开枪，不料将在此玩耍的小孩打死。在小孩身上只有一个弹孔，甲、乙所使用的枪支、弹药型号完全一样，无法区分到底是谁所为。甲、乙的行为应当如何定性？

答：对于本案，有两种观点：

观点1：如果否认过失可以成立共同犯罪，则根据"存疑有利于被告"的原则，甲、乙二人均不对小孩的死亡结果负责，二人均不构成犯罪；

观点2：如果肯定过失可以成立共同犯罪，则甲、乙二人成立共同犯罪，即使查不清，甲、乙二人也均对小孩的死亡结果负责，二人均构成过失致人死亡罪。

共同犯罪中的角色：考点40~45

考点 40　正犯与共犯

	按功能分	按作用分	
共同犯罪	正犯：直接正犯/间接正犯/共同正犯	主犯	从犯
	共犯：帮助犯/教唆犯		

🅘 注意1：正犯和共犯是根据功能划分的，正犯是实施实行行为的人，共犯是实施帮助或教唆行为的人。

🅘 注意2：强奸罪和抢劫罪中，压制反抗的行为是实行行为，压制反抗者是正犯，不是帮助犯。

🅘 注意3：主犯和从犯是根据作用大小划分的，主犯起到的作用大，从犯起到的作用小。

🅘 注意4：正犯和共犯、主犯和从犯两组概念是交叉关系，但是帮助犯只能是从犯或者胁从犯。

🅘 注意5：对于从犯，应当从轻、减轻或者免除处罚。（从宽处罚）

[万能金句] 甲非法剥夺他人生命，是故意杀人罪的正犯；乙为甲杀人提供心理帮助，属于故意杀人罪的帮助犯。

[例] 2003年2月1日，谭某（女）上街时以身体不适为由，骗取被害人林某（女）的信任，让林某将其送回了家。在其家中，谭某骗林某喝下掺有迷药的饮料，趁林某昏迷，谭某让其丈夫白某对林某实施强奸。后二人用绳子将林某勒死，并掩埋尸体。谭某和白某的行为如何定性？

答：谭某和白某压制他人反抗，实施了奸淫行为，构成强奸罪的共同正犯；之后二人非法剥夺他人生命，构成故意杀人罪，与强奸罪数罪并罚。

考点41 间接正犯

间接正犯的类型		举 例
欺骗型	欺骗他人造成损害第三人的后果	行为人欺骗有白内障的猎人称前方有兔子（行为人知道是人），让猎人开枪打兔子，导致他人死亡的，是间接正犯。
	欺骗他人自我损害	行为人欺骗被害人称被害人的狗有病，让被害人将狗杀死的，是间接正犯。
胁迫型		（1）胁迫型的间接正犯达到了压制对方反抗的程度，不给对方选择空间。 （2）如果对方有选择的空间，则胁迫者是主犯，被胁迫者是胁从犯。 [例] 甲和乙说："快去强奸，否则3天之内杀了你。"甲是强奸罪的教唆犯（主犯），乙是强奸罪的正犯（胁从犯）。
特殊认知型	利用没有身份的人实施身份犯罪	国家工作人员利用非国家工作人员的妻子进行受贿的，是间接正犯。
	利用缺乏规范理解能力者实施犯罪	行为人让精神病人（或者5岁的儿童）实施犯罪的，是间接正犯。
	站在认知制高点，把他人当作工具	（胞妹案）甲知道乙要在电影院杀自己，于是让自己的胞妹去看电影，借乙认错人杀死自己的胞妹。乙成立故意杀人罪的直接正犯，甲成立间接正犯。

万能金句 甲支配（利用）乙的犯罪行为，属于故意杀人罪的间接正犯。

[例] 黄某雇请程某伤害自己的前妻周某，声称只要将周某的手臂砍成轻伤就行，程某表示同意。当日，程某手中的水果刀正好划伤了周某的手臂（构成轻伤）。周某因患有血友病，受伤后流血不止而死亡。程某不知道周某患有血友病，但黄某知道。黄某的行为如何认定？

答：黄某主观上明知被害人周某存在特殊体质，利用程某的行为杀害周某，成立故意杀人罪的间接正犯。

命题角度分析

考生需熟练掌握间接正犯的特征和表述方式。

考点42 帮助犯

帮助犯的成立条件	加入时机	一般要在他人的犯罪行为既遂前加入，才能成立帮助犯。	
	客观要件	物理因果	客观上的协助作用
		心理因果	强化他人犯意
	主观要件	有帮助的故意。	

（表格右侧合并："至少提供一个，才能成立帮助犯。"对应物理因果与心理因果两行）

万能金句 甲实施盗窃行为，乙为甲的盗窃行为提供心理帮助。乙属于帮助犯，是从犯，应当从轻、减轻或免除处罚。

[例] 7月23日凌晨2时许，邵某潜入一家店铺，为不惊醒在楼上熟睡的店主，邵某打开手电筒在一楼悄悄翻找。因不懂古董的价值，又不想搬走太沉的物品，邵某拿起一个大花瓶犹豫不决。此时，在窗外路过的李某小声对邵某说："这件可以卖给我。"邵某听罢果断将花瓶塞进背包，又胡乱抱了一些字画后离去。邵某和李某的行为如何认定？

答：邵某进入他人室内实施盗窃行为，构成盗窃罪，且属于"入户盗窃"；李某强化了邵某盗窃的犯意，成立盗窃罪的帮助犯。

注意：如果既没有提供物理帮助，也没有提供心理帮助，就不是帮助犯，也不构成犯罪。

[例] 甲在乙不知情的情况下为其盗窃望风，期间一个人都没碰到。甲的行为如何定性？

答：甲既没有为乙的盗窃行为提供心理帮助，也没有提供物理帮助，不属于盗窃罪的帮助犯。

注意：单纯降低犯意或者降低危险的行为不属于帮助犯。

[例] 钱某准备杀人，回家后将此事告诉其妻孙某，并让孙某为自己放风。孙某说："我才不去呢，你自己去吧。"但提示钱某说："把人打伤就行了，别把人打死了。"钱某答应。为此，钱某准备了一根用软实的厚胶布缠好的硬木棒。孙某的行为如何认定？

031

答：孙某既没有提供物理或心理上的帮助，也没有升高风险，而是降低了风险，不属于帮助犯。

考点43 >> 教唆犯

教唆犯的成立条件	教唆对象	被教唆者需要有规范理解能力。如果是唆使5岁孩童犯罪，属于间接正犯。
	客观要件	引起他人犯意。
	主观要件	有教唆的故意。

间接正犯和教唆犯之间是包容关系，教唆犯和帮助犯之间也是包容关系（间接正犯＞教唆犯＞帮助犯）。

万能金句 甲引起了乙抢劫的犯意，属于抢劫罪的教唆犯。

[例1] 医生将毒药交给护士，告知其是"毒药"，让其给病人注射，导致病人死亡。但事后查明，护士听成了"土药"，不知道是毒药而给病人注射，从而导致病人死亡。医生的行为如何评价？

答：医生主观上意图引起护士杀人的犯意，属于教唆犯；客观上利用了不知情的护士，导致病人死亡，属于间接正犯。根据"主客观相统一"原则，医生构成故意杀人罪的教唆犯。

[例2]（2013/2/55/A）乙因妻丙外遇而决意杀之。甲对此不知晓，出于其他原因怂恿乙杀丙。后乙杀害丙。甲的行为如何定性？

答：甲主观上意图引起乙杀人的犯意，属于教唆犯；客观上强化了乙杀人的犯意，属于帮助犯。根据"主客观相统一"原则，甲构成故意杀人罪的帮助犯。

考点44 >> 共犯从属性与共犯独立性

	对应含义	实例	从属性结论	独立性结论
成立从属性	正犯未实施任何行为，共犯无罪	"没有人就没有影子"	甲教唆乙盗窃，乙压根没听	甲无罪	甲构成盗窃罪的教唆犯（未遂）
阶段从属性	共犯不得超出正犯的阶段	"影子不能跑得比人快"	甲教唆乙盗窃，乙在预备阶段被抓获	甲构成盗窃罪的教唆犯（预备）	甲构成盗窃罪的教唆犯（未遂）
罪质从属性	共犯的罪质不得超出正犯	"影子不能比人高"	甲教唆乙抢劫，乙仅实施了盗窃	甲构成盗窃罪的教唆犯	甲构成抢劫罪的教唆犯（未遂）

注意1：教唆犯有"从属性说"和"独立性说"的学说之争，其中，"从属性说"是通说。

注意2：帮助犯只有"从属性说"，即帮助者在犯罪成立、阶段、罪质上均从属于正犯。

注意3：如果实行者在预备（或者实行）阶段主动放弃犯罪，成立预备阶段中止（或者实行阶段中止），则根据从属性说，共犯只能成立犯罪预备（或者犯罪未遂）。（他之主观，我之客观）

[例] 王某和郑某合伙开公司，因经营不善，两人共谋骗取银行贷款。王某让郑某准备虚假的贷款材料，郑某私自准备了虚假材料，为银行贷款向保险公司投保，但王某对投保的事实不知情。两人骗取银行600万元贷款后逃往外地。最终，银行向保险公司追偿了本金及利息。郑某和王某的行为如何定性？请分别写出观点展示。

答：(1) 对于郑某，有两种不同的观点：

观点1：如果认为银行有担保而可以免遭经济损失，则由于郑某为银行贷款投保的行为没有造成财产损失，因此，郑某不构成贷款诈骗罪；郑某作为投保人，虚构事实骗取保险金，构成保险诈骗罪。

观点2：如果认为银行虽然最终免受经济损失，但其因被欺骗而遭受了财产性利益上的损失，则郑某构成贷款诈骗罪；同时，郑某作为投保人，虚构事实骗取保险金，构成保险诈骗罪，与贷款诈骗罪从一重罪处罚。

(2) 对于王某教唆郑某实施贷款诈骗的行为：

如果根据(1)中的观点1，郑某不构成贷款诈骗罪，则对王某的行为有两种观点：

观点1：根据"共犯从属性说"，由于郑某不构成贷款诈骗罪，因此，王某不属于贷款诈骗罪的教唆犯；

观点2：根据"共犯独立性说"，虽然郑某不构成贷款诈骗罪，但王某有教唆他人实施贷款诈骗的行为，属于贷款诈骗罪的教唆犯，犯罪未遂，从宽处罚。

如果根据(1)中的观点2，郑某构成贷款诈骗罪，则王某属于贷款诈骗罪的教唆犯。

考点45 胁从犯

场　景	被胁迫者无选择空间	被胁迫者有选择空间
常见表述	"现在杀了你""right now（现在）"	"明儿杀了你""3天之内杀了你"
胁迫者定性	间接正犯	教唆犯（主犯）
被胁迫者定性	工具（一般无罪）	胁从犯

[例] 钱某找到以前的同伙周某，对周某说："我要去罗某家抢劫，你帮我去放风吧。"周某起初不答应，钱某就恐吓周某："抢劫的事也告诉你了，你要不去的话，我明儿灭你的口。"周某被迫同意。钱某和周某的行为如何定性？

答：钱某胁迫周某为抢劫望风，是教唆犯，且属于主犯；周某在被胁迫的情况下参与犯罪，属于胁从犯，应当减轻处罚或者免除处罚。

共同犯罪的处理原则：考点 46~48

考点 46　共同犯罪的处理原则

共同犯罪的处理原则：所有人对所有结果负责	"一人既遂，全部既遂"
	"部分实行，全部责任"
	"一人加重，全部加重"

万能金句　甲、乙共同实施抢劫行为，二人成立抢劫罪的共同犯罪，因此均对总体数额 8 万元负责。

[例]　甲与国有收费站站长吴某约定：甲在高速公路另开出口帮货车司机逃费，吴某想办法让人对此不予查处，所得由二人分成。后甲组织数十人，锯断高速公路一侧隔离栏、填平隔离沟，形成一条出口。路过的很多货车司机知道经过收费站要收 300 元，而给甲 100 元即可绕过收费站继续前行。甲以此方式共得款 30 万元，但骗吴某仅得 20 万元，并按此数额分成。甲和吴某收受财物的行为如何定性？

答：甲和吴某利用职务之便，将公共财物据为己有，构成贪污罪。其中，吴某具有国家工作人员的身份，是正犯；甲为吴某的贪污行为提供帮助，是帮助犯。二人贪污的数额为收取的总数 30 万元，至于甲欺骗吴某只收到 20 万元，是共犯内部的分赃问题，不影响二人均对 30 万元的数额负责。

注意：在共同犯罪成立的场合，原则上所有人对所有结果负责，因此，即使查不清，也要将所有结果归属于所有行为人。

[例]　甲、乙、丙共同杀害被害人，导致被害人死亡。后查明，致命伤要么由甲造成，要么由乙造成，但不可能是丙造成的。甲、乙、丙的行为如何定性？

答：根据共同犯罪原理，甲、乙、丙均对被害人的死亡结果负责，成立故意杀人罪既遂。

命题角度分析

考生需熟练掌握成立共同犯罪后的处理原则。后文会提到，在原则的基础上有诸多例外。因此，如果在题目中出现共同犯罪责任不同的情况，有可能属于例外。

考点 47　相对责任年龄的归责问题

甲（18 周岁）和乙（13 周岁）共同盗窃	甲和乙在违法层面成立共同犯罪，乙没有达到盗窃罪的刑事责任年龄，不负刑事责任。
甲（18 周岁）唆使乙（5 周岁）盗窃	甲利用乙作为工具实施盗窃行为，属于盗窃罪的间接正犯；乙没有达到盗窃罪的刑事责任年龄，不负刑事责任。

续表

甲（18周岁）唆使乙（13周岁）盗窃	甲和乙在违法层面成立共同犯罪，其中，甲是教唆犯，乙是正犯。乙没有达到盗窃罪的刑事责任年龄，不负刑事责任。
甲（18周岁）和乙（13周岁）对妇女轮流实施性侵害	甲和乙在违法层面成立共同犯罪，且属于"轮奸"，甲加重处罚，乙不负刑事责任。

万能金句 乙具有规范理解能力，在违法层面和甲成立抢劫罪的共同犯罪，但乙没有达到抢劫罪的刑事责任年龄，不负刑事责任。

[例] 甲（20周岁）和乙（15周岁）共谋盗窃，乙入户盗窃，甲在门外望风。乙在盗窃的时候遭到了户主的激烈反抗，遂将户主打成重伤。甲和乙的行为如何定性？

答：甲和乙共同实施盗窃，二人在违法层面成立共同犯罪。乙15周岁，在盗窃之后实施了伤害行为，故只对故意伤害致人重伤负责；乙的伤害行为超出了甲的故意范围，甲只构成盗窃罪的帮助犯，应当从轻、减轻或免除处罚。

注意：根据司法解释的规定，已满14周岁不满16周岁的人盗窃、诈骗、抢夺他人财物，为窝藏赃物、抗拒抓捕或者毁灭罪证，当场使用暴力，故意伤害致人重伤或者死亡，或者故意杀人的，应当分别以故意伤害罪或者故意杀人罪定罪处罚（不认定为抢劫罪）。

命题角度分析
与未达到刑事责任年龄的人能否成立共同犯罪？什么情况适用？如何表达？

考点48 不同故意者的归责问题

示例1	甲以杀人的故意、乙以伤害的故意，共同对被害人施暴，导致被害人死亡。	甲、乙二人在故意伤害罪的范围内成立共同犯罪，甲构成故意杀人罪，乙构成故意伤害罪。
示例2	甲想"白嫖"，乙想要债，二人共同控制被害人，向第三人要钱。	甲、乙二人在非法拘禁罪的范围内成立共同犯罪，甲构成绑架罪，乙构成非法拘禁罪。

万能金句 甲具有伤害的故意，乙具有杀人的故意，二人在故意伤害罪的范围内成立共同犯罪，甲构成故意伤害罪，乙构成故意杀人罪。

[例] 林某、丁某二人共谋后共同向被害人武某开枪，武某中弹身亡。事后查明，林某朝武某腿部开枪，丁某朝武某腹部开枪，最终导致其头部中弹死亡，但无法查明击中武某头部的这颗子弹是谁射击的。林某、丁某的行为如何定性？

答：林某、丁某二人在故意伤害罪的范围内成立共同犯罪，均对被害人武某的死亡结果负责。林某具有伤害的故意，属于故意伤害致人死亡；丁某具有杀人的故意，构成故意杀人罪（既遂）。

对比：林某、丁某二人共谋后共同向被害人武某开枪，武某中弹身亡。事后查明，二人中的一人朝武某腿部开枪，另一人朝武某腹部开枪，最终导致其头部中弹死亡，但无法查明谁朝其腿部开枪、谁朝其腹部开枪，且无法查明击中武某头部的这颗子弹是谁射击的。林某、丁某的行为如何定性？

答：根据"存疑有利于被告"原则，在查不清谁具有杀人的故意、谁具有伤害的故意的情况下，推定林某、丁某均具有伤害的故意。由于成立共同犯罪，二人均对武某的死亡结果负责，因此，林某、丁某都属于故意伤害致人死亡。

命题角度分析

犯罪故意不同的人能否成立共同犯罪？如何表达？

共同犯罪处理原则的例外：考点49~55

	例外情形	含义	判断标准	后果	举例
例外1	"共犯离线型"（共犯脱离）	共同犯罪中有人中途离开	切断物理因果和心理因果	脱离者不对退出之后的结果负责	甲和乙共谋盗窃，甲在实施之前明确告诉乙退出并把钥匙要回。甲是共犯脱离。
例外2	"共犯超神型"（实行过限）	一方在对方不知情的情况下实施了原本没有计划的行为	对方的行为超出了行为人的预见可能性	不知情者不对想不到的部分负责	甲和乙共同盗窃，甲入户，乙望风。甲入户后遇到主人并将其强奸，乙浑然不知。甲是实行过限。
例外3	"暗中观察型"（片面共犯）	一方在对方不知情的情况下实施了帮助、教唆或者实行行为	暗中实施帮助、教唆、实行行为	不知情的人对认识以外的结果不负责	乙入户盗窃，甲在外面自愿为乙望风，为其阻止主人23次，使乙成功窃取财物。甲是片面共犯。
例外4	"共犯后入型"（承继共犯）	一方中途加入对方的犯罪	一般是在对方犯罪既遂之前加入	中途加入者不对加入前的结果负责	乙为了抢劫打晕被害人（造成重伤），甲知情后为乙照明，使得乙取得财物。甲是承继共犯。

考点49 >> 共犯脱离

物理因果	客观上的协助作用	物理因果、心理因果至少提供一个，才能成立帮助犯	切断物理因果	撤除客观上的协助作用	共犯脱离要同时切断物理因果和心理因果，缺一不可	共犯脱离的，不对脱离后的结果负责，成立犯罪中止或者未遂
心理因果	强化他人犯意		切断心理因果	消除对方的心理期待		

注意：共犯脱离的前提是"已经成立共同犯罪"，如果根本不成立共同犯罪，则不

考虑共犯脱离问题。

万能金句 甲主动切断物理因果和心理因果，属于共犯脱离，成立犯罪中止。

[例] 甲欲前往张某家中盗窃。乙送甲一把擅自配制的张某家房门钥匙，并告诉甲说，张某家装有防盗设备，若钥匙打不开就必须放弃盗窃，不可入室。甲用钥匙开张某家房门，无法打开，本欲依乙的告诫离去，但又不甘心，思量后破窗进入张某家，窃走数额巨大的财物。本案中，甲和乙的行为如何定性？

答：甲和乙成立盗窃罪的共同犯罪，且属于"入户盗窃"。甲取得财物，构成盗窃罪（既遂）；在甲发现用乙提供的钥匙打不开门之时，乙的物理因果和心理因果均被切断，因此，乙属于共犯脱离，成立盗窃罪未遂的帮助犯。

考点 50 实行过限与望风者的定性

1. 甲在外面为盗窃望风	乙入户盗窃之后强奸	甲只定盗窃	无关犯罪，属于实行过限
2. 甲在外面为盗窃望风	乙入户盗窃时当场使用暴力或以暴力相威胁	甲只定盗窃	转化抢劫，属于实行过限
3. 甲在外面为抢劫望风	乙入户盗窃	甲只定盗窃	在重合范围内成立共犯
4. 甲在外面为盗窃望风	乙入户杀人（欺骗甲说自己要实施盗窃）	甲只定非法侵入住宅罪	在重合范围内成立共犯
5. 甲在外面为抢劫望风	乙入户抢劫致人死亡	甲定抢劫致人死亡	结果加重犯不属于实行过限
6. 甲在外面为绑架望风	乙入户绑架之后独自杀害被绑架人	甲只定绑架罪的基本犯	一般的加重情节属于实行过限
7. 甲在外面为伤害望风	乙入户杀人（欺骗甲说自己要实施伤害）	甲定伤害致人死亡	行为过限但结果不过限

万能金句 甲和乙共同实施盗窃行为，其中，乙是正犯，甲是帮助犯。乙的转化抢劫行为超出了甲的故意范围，属于实行过限，甲对抢劫罪不负责，仅构成盗窃罪。

注意1：在定罪问题上，望风者（帮助犯）受到自己主观意志和实行者客观行为的双重制约；在归责问题上，如果望风者（帮助犯）构成的罪名有结果加重犯，则需要对结果负责。

注意2：实行过限的模型仅适用于一方不知情的情况，如果双方均在场，则考虑不作为犯的思路。

[例] 甲、乙、丙共谋要"狠狠教训一下"他们共同的仇人丁。到丁家后，甲在门外望风，乙、丙进屋打丁，但当时只有丁的好友田某在家。乙、丙误把体貌特征和丁极为相似的田某当作是丁进行殴打，遭到田某的强烈抵抗和辱骂，二人分别举起板凳和花瓶向田某头部猛击，将其当场打死。本案中，甲、乙、丙的行为分别如何定性？

答：甲、乙、丙三人在故意伤害罪的范围内成立共同犯罪，其中，乙、丙是正犯，甲是帮助犯，对甲应当从轻、减轻或免除处罚。乙、丙具有杀人的故意，构成故意杀人罪；对象错误不影响既遂的认定，乙、丙构成故意杀人罪（既遂）。对甲而言，乙、丙的杀人行为超出了甲的故意范围，属于实行过限，故甲的行为只能认定为故意伤害罪。甲可以预见被害人的死亡结果，因此，其对被害人的死亡结果负责，属于故意伤害致人死亡。

考点 51 　双方在场的另起犯意问题

共同犯罪双方都在场，一方另起犯意实施犯罪行为，如果另一方之前的行为升高了风险，则有制止义务，否则构成相应的不作为犯。

[例1] 张某和李某共谋入户抢劫，二人制服被害妇女后搜出大量钱财。李某正准备走，发现张某正在脱裤子，李某问其要干什么，张某说要强奸。李某没有阻止，只是看着。张某得逞。李某的行为如何认定？

答：李某压制被害人反抗的行为升高了被害人被强奸的风险，因此，李某的不制止行为构成不作为的强奸罪（帮助犯），与抢劫罪数罪并罚。

[例2]（对比）张某和李某一起入户盗窃，张某在东屋盗窃，李某在西屋盗窃。后李某到东屋，发现张某另起犯意，正在实施强奸，但李某没有制止张某的强奸行为。李某的行为如何认定？

答：李某的盗窃行为没有升高被害人被强奸的风险，因此不构成不作为的强奸罪，仅构成盗窃罪。

命题角度分析

在双方都在场的情况下，共同犯罪人另起犯意额外实施犯罪的，不能直接适用实行过限的判断标准。在这种情况下，其他共同犯罪人是否具有阻止的义务？判断标准是什么？

考点 52 　共犯受到损害问题

犯罪结果只能是对外部产生的损害。因此，如果共同犯罪中受到损害的是共同犯罪人中的一方，则受到损害的一方不对损害结果负责，但不影响另一方单独对损害结果负责。这在本质上也是一种特殊的"实行过限"。

万能金句 甲和乙共同实施抢劫行为，成立抢劫罪的共同犯罪。甲在抢劫过程中导致同伙重伤，属于抢劫致人重伤；乙对自己的重伤结果不负责，成立抢劫罪的基本犯。

[例] 甲、乙共谋盗窃渔网，乙给甲提供了渔船，甲盗窃成功并出卖渔网获利，结果发现盗窃的渔网是乙的。不考虑数额，甲、乙的行为如何定性？

答：甲打破他人对财物的占有、建立新的占有，构成盗窃罪，由于已经取得财物，成立犯罪既遂。乙为甲的盗窃行为提供了帮助，属于盗窃罪的帮助犯。但由于渔网属于乙，因此，乙不对既遂的结果负责，仅构成犯罪未遂，可以比照既遂犯从轻或减轻处罚。

考点53 片面共犯

片面共犯和间接正犯的区别	片面共犯是为了对方的利益，而间接正犯是为了自己的利益。
暗中提供帮助的	认定为片面帮助犯。
暗中实施实行行为的（如在抢劫罪、强奸罪中暗中压制反抗）（观点展示）	如果承认片面共同正犯，则按照实行罪名的片面共同正犯处罚。
	如果不承认片面共同正犯，则可以降格评价为片面帮助犯。

[万能金句] 乙暗中为甲的杀人行为提供帮助，构成故意杀人罪的片面帮助犯。

[例] 甲知道乙计划前往丙家抢劫，为帮助乙取得财物，便暗中先赶到丙家，将丙打昏后离去（丙受轻伤）。乙来到丙家时，发现丙已昏迷，以为丙是因疾病发作晕倒，遂从丙家取走价值5万元的财物。甲和乙的行为如何定性？对于甲的行为的定性，有哪几种观点？

答：乙以平和手段打破他人占有、建立新的占有，构成盗窃罪。

对于甲的行为的定性，存在两种观点：

观点1：如果承认片面共同正犯，则甲为了使得乙取得财物，暗中实施了压制被害人反抗的行为，属于抢劫罪的片面共同正犯；

观点2：如果不承认片面共同正犯，则甲为乙的盗窃行为暗中提供帮助，属于盗窃罪的片面帮助犯，同时构成故意伤害罪，从一重罪处罚。

考点54 承继共犯

承继共犯的加入原则	一般情况下，需要在前罪既遂之前加入才能成立承继共犯。
	如果前罪是继续犯，则在前罪既遂之后、不法状态进行中，行为人加入的，也成立承继共犯。
承继共犯的处罚原则（罪名共用，责任分担）	承继共犯与前行为人适用相同的罪名。
	承继共犯不对加入之前前行为人造成的重伤、死亡结果负责。

[万能金句] 乙中途加入甲的抢劫行为，属于承继共犯，二人均构成抢劫罪。

[例] 甲和女友乙在路上捡到一张背后写有密码的银行卡。甲持卡去ATM机取款，前两次共取出5000元。在甲准备再次取款时，乙走过来说："注意，别出事。"甲答："马上就好。"甲又分两次取出6000元，并将该6000元递给乙。乙接过钱后站了一会儿，说："我走了，小心点。"甲接着又取出7000元。甲和乙的行为如何定性？

答：甲捡拾信用卡并使用，构成信用卡诈骗罪；乙中途加入，属于信用卡诈骗罪的承继共犯。甲先后取出1.8万元，因此对1.8万元的数额负责；乙为甲取出6000元提供了物理因果和心理因果，对6000元的数额负责，之后又为甲取出7000元提供了心理因果，对7000元的数额负责，因此，乙对1.3万元的数额负责。

考点55 "查不清"问题与分情况讨论

在"查不清"的问题中，最基础的方法是分情况讨论，即把不同情况作假设，再按照每个人整合不同的情况。

[例1] 甲在道路上开车将被害人撞倒之后，乙开车辗轧了被害人。被害人死亡，但无法查明是甲还是乙导致的。

可能性1：甲撞死的	甲	对死亡结果负责
	乙	对死亡结果不负责（轧了个尸体）
可能性2：乙轧死的	甲	对死亡结果负责（介入因素正常）
	乙	对死亡结果负责
结　　论	甲	对死亡结果负责（无论如何都负责）
	乙	对死亡结果不负责（存疑有利于被告）

[例2] 甲向仇人丙开枪。乙也想杀死丙，为了确保万无一失，于是暗中（甲不知情）也朝着丙射出子弹。丙中弹死亡，但身上只有一处弹孔，无法查明是甲还是乙击中的。甲和乙的行为如何定性？

分析思路：如果甲的子弹击中丙，乙没有提供物理因果，也没有提供心理因果，乙不是片面帮助犯，对丙的死亡结果不负责；如果乙的子弹击中丙，甲在不知情的情况下也不对丙的死亡结果负责。因此，根据"存疑有利于被告"原则，甲和乙均不对丙的死亡结果负责。

答：甲和乙均具有杀人的故意，但根据"存疑有利于被告"原则，甲和乙均不对丙的死亡结果负责，二人均构成故意杀人罪（未遂）。

命题角度分析

考生需熟练分情况讨论的思维在具体问题中如何运用。这一问题还可能在承继共犯、片面共犯、非共犯的场合出现，要学会分析思路。

共同犯罪的交叉问题：考点56~58

考点56 共同犯罪与不作为犯

甲有救助义务	乙教唆甲不履行救助义务	乙构成遗弃罪（不作为的故意杀人罪）的教唆犯
	乙帮助甲不履行救助义务	乙属于遗弃罪（不作为的故意杀人罪）的帮助犯
甲无救助义务	乙教唆甲不救助	乙教唆他人"见危不救"的，不构成犯罪

万能金句 甲对死者没有救助义务,属于"见危不救",不构成犯罪;乙教唆甲"见危不救",也不构成犯罪。

[例] 母亲甲生一女儿,因怕被婆家嘲笑,甲让自己的亲妹妹乙把孩子遗弃至菜市场。甲和乙的行为如何定性?

答:甲负有抚养义务而拒绝抚养,构成遗弃罪(不作为的故意杀人罪);乙为甲的遗弃行为(不作为的故意杀人行为)提供帮助,属于遗弃罪(不作为的故意杀人罪)的帮助犯。

考点 57 教唆犯中的错误问题

实行者发生了对象错误	教唆者属于打击错误
教唆者自己发生了对象错误或打击错误	实行者按照教唆者的指示犯罪的,没有发生错误

[例] 甲教唆乙杀丙,乙在前往丙家途中遇到仇人丁,于是将丁杀死,并放弃了杀丙的计划。本案中,甲和乙的行为如何定性?

答:乙意图非法剥夺丙的生命,构成故意杀人罪,但乙在预备阶段因为主观原因放弃,属于预备阶段中止;之后乙另起犯意杀害丁,期间没有发生任何认识错误,因此乙构成故意杀人罪,属于犯罪既遂。最终,乙的行为整体评价为故意杀人罪(既遂)。

关于甲的行为的定性,有两种观点:

观点1:根据"共犯从属性说",甲在预备阶段因为客观原因未能得逞,构成故意杀人罪(预备);

观点2:根据"共犯独立性说",甲教唆乙故意杀人但未得逞,构成故意杀人罪(未遂)。

考点 58 共同犯罪中的身份犯

司法工作人员才能构成徇私枉法罪的正犯	其他人可以构成徇私枉法罪的共犯
国家工作人员才能构成贪污罪、受贿罪的正犯	其他人可以构成贪污罪、受贿罪的共犯
公司、企业或者其他单位的人员才能构成职务侵占罪的正犯	其他人可以构成职务侵占罪的共犯
投保人、被保险人、受益人才能构成保险诈骗罪的正犯	其他人可以构成保险诈骗罪的共犯

万能金句 甲引起乙贪污的犯罪故意,虽然其不具有国家工作人员的身份,但成立贪污罪的教唆犯。

[例] 甲找到在私营保险公司当定损员的朋友陈某,告知其自己毁坏财物的真相,并请求其帮忙向保险公司申请赔偿。陈某遂向保险公司报告说是他人驾车造成的事故,并隐瞒了其他不利于甲的事实。甲顺利获得了7万元的保险赔偿。甲和陈某的行为如何定性?

答：甲和陈某分别在保险诈骗罪以及职务侵占罪的范围内成立共同犯罪。甲作为投保人，虚构事实骗取保险金，构成保险诈骗罪的正犯；陈某为其欺骗行为提供帮助，属于保险诈骗罪的帮助犯。陈某以非法占有为目的，使他人非法占有公司财物，成立职务侵占罪；甲引起陈某的犯意，属于职务侵占罪的教唆犯。综上所述，甲成立保险诈骗罪与职务侵占罪（教唆犯），从一重罪处罚；陈某成立职务侵占罪与保险诈骗罪（帮助犯），从一重罪处罚。

专题 10 罪数处理

	处理原则	处理例外	举 例
一行为触犯两罪名 A、B=A、B	从一重罪处罚	按照一罪加重处罚 A、B=A↑ （结果加重犯）	强奸、过失致人死亡=强奸罪↑
			伤害、过失致人死亡=故意伤害罪↑
			抢劫、过失致人死亡=抢劫罪↑
			……
		按照特别罪名处理 A、B=A （法条竞合）	同时构成盗窃罪和盗窃枪支罪的，认定为特别罪名盗窃枪支罪
		转化为新的一罪 A、B=C （转化犯）	聚众斗殴、过失致人死亡=故意杀人罪；聚众斗殴、过失致人重伤=故意伤害罪
			非法拘禁、过失致人死亡（拘禁行为以外）=故意杀人罪；非法拘禁、过失致人重伤（拘禁行为以外）=故意伤害罪
两行为触犯两罪名 A+B=A+B	数罪并罚	按照一罪加重处罚 A+B=A↑ （加重情节）	绑架+故意杀人=绑架罪↑
			绑架+故意伤害致人重伤或者死亡=绑架罪↑
			拐卖妇女+强奸=拐卖妇女罪↑
			拐卖妇女+强迫卖淫=拐卖妇女罪↑
		按照一罪处罚 A+B=A （事后不可罚）	盗窃+诈骗（冒充主人出售）=盗窃
		从一重罪处罚 A+B=A、B	受贿+徇私枉法=从一重罪处罚

考点 59 罪数的处理原则

一个行为触犯两个罪名，原则上想象竞合，从一重罪处罚	想象竞合的逻辑公式为：A、B=A、B，即一个行为同时触犯A、B两个罪名，按照A、B中较重的处罚。
两个行为触犯两个罪名，原则上数罪并罚	数罪并罚的逻辑公式为：A+B=A+B，即两个行为先后触犯A、B两个罪名，应当数罪并罚。

所谓"一个行为",是指一个时间段发生的、不可分隔的连续动作;所谓"两个行为",是指两个时间段发生的、可分隔的两段动作。

[万能金句] 甲打破他人对财物的占有、建立新的占有,构成盗窃罪;同时,甲放任他人的死亡结果的发生,对他人的死亡持间接故意,构成故意杀人罪,与盗窃罪想象竞合,从一重罪处罚。

[注意]:如果是在一个犯罪过程中触犯另一个罪名,也属于一个行为,应当从一重罪处罚。例如,在强奸过程中(从压制反抗到奸淫成功之间)杀人的,构成强奸罪(未遂)和故意杀人罪,从一重罪处罚。

[例] 李某知道自己犯下了命案,觉得这都是田某所致,遂决定除掉田某。李某从警察王某处窃取枪支一把,在前往田某家的途中被抓获。李某的行为如何定性?

答:李某盗窃枪支据为己有,构成盗窃枪支罪;同时,其为杀人行为准备工具、制造条件,构成故意杀人罪(预备),与盗窃枪支罪想象竞合,从一重罪处罚。

[命题角度分析]

考生需熟练掌握罪数处理的原则,即何时从一重罪处罚,何时并罚。在《刑法》分则当中经常会涉及多罪名的处理。

考点60 结果加重犯

结果加重犯的逻辑公式为:A、B=A↑,即一个行为触犯 A 罪和 B 罪,根据刑法的规定,按照其中一罪加重处罚。

只包括过失	故意伤害致人死亡	
	强奸致人重伤、死亡	
	非法拘禁致人重伤、死亡	
	暴力干涉婚姻自由致人死亡	包括被害人自杀的情形
	虐待致人重伤、死亡	
可以包括故意	抢劫致人重伤、死亡	
	拐卖妇女、儿童致人重伤、死亡(包括故意伤害,但不包括故意杀人)	

[万能金句] 甲在强奸过程中过失导致他人死亡,构成强奸罪,属于"强奸致人死亡",加重处罚。

[注意]:即使某罪存在结果加重犯,但如果不是"常见、常发、常伴随"地导致结果发生,也不能以结果加重犯论处。例如,在强奸过程中导致路人被吓死的,不属于强奸致人死亡,而是应当按照原则从一重罪处罚。

[例] 杨某某听闻其子（杨某军）处了一个对象，家境贫困，杨某某希望其子断绝和女方往来，遭儿子拒绝。杨某某非常生气，便开始留意其子的行动，一旦发现他再和女友来往，就对其子进行殴打。同时，杨某某找到女方，威胁她不要再和自己儿子来往。此后杨某某还多次因为此事殴打其子，其子痛苦不堪，于是在2013年6月和女友一起投河自杀，两人均死亡。杨某某暴力干涉其子恋爱，导致两人自杀，二者是否存在刑法上的因果关系？对杨某某的行为应当如何定性？

答：杨某某使用暴力干涉其子婚姻自由，构成暴力干涉婚姻自由罪。杨某某的行为导致其子自杀，行为与结果之间存在因果关系，杨某某需要对其子的死亡结果负责；但是女方自杀并不常见，杨某某对此不负责任。因此，杨某某的行为属于暴力干涉婚姻自由致人死亡，但仅对其子的死亡结果负责。

命题角度分析

结果加重犯的特征是什么？有哪些常见的结果加重犯？

考点61 特别罪名

一般罪名	特别罪名
盗窃罪	盗伐林木罪
	盗窃、抢夺、毁灭国家机关公文、证件、印章罪
	盗窃、侮辱尸体罪
	盗窃、抢夺枪支、弹药、爆炸物、危险物质罪
诈骗罪	金融诈骗类罪名（包括保险诈骗罪、集资诈骗罪等）
	合同诈骗罪
	使用假币罪

[万能金句] 甲同时触犯盗窃罪和盗窃枪支罪，认定为特别罪名——盗窃枪支罪。

注意1：诈骗罪和招摇撞骗罪不是一般罪名和特别罪名的关系，如果同时触犯两罪，从一重罪处罚。

注意2：生产、销售伪劣商品罪一节中的各罪名之间是法条竞合关系，但在处理结论上还是从一重罪处罚。（考试直接表述为：行为人同时构成生产、销售伪劣产品罪和生产、销售假药罪，从一重罪处罚）

[例] 甲用假币骗付修车款3000元。甲的行为如何定性？

答：甲用假币骗付修车款，同时触犯诈骗罪和使用假币罪，认定为特别罪名——使用假币罪。

考点62 加重情节

加重情节的逻辑公式为：A+B=A↑，即两个行为先后触犯A罪和B罪，根据刑法的规定，按照其中一罪加重处罚。

绑架又杀害被绑架人的，认定为绑架罪，加重处罚	绑架+故意杀人=绑架罪↑	[口诀] 绑架吸杀伤 拐卖吸强强
绑架又伤害被绑架人，致人重伤、死亡的，认定为绑架罪，加重处罚	绑架+故意伤害致人重伤、死亡=绑架罪↑	
拐卖妇女又奸淫被拐卖的妇女的，认定为拐卖妇女罪，加重处罚	拐卖妇女+强奸=拐卖妇女罪↑	
拐卖妇女又强迫被拐卖的妇女卖淫的，认定为拐卖妇女罪，加重处罚	拐卖妇女+强迫卖淫=拐卖妇女罪↑	

万能金句 甲拐卖妇女后又奸淫被拐卖的妇女，构成拐卖妇女罪，加重处罚。

注意1：加重情节可以写成"加重处罚"，也可以写成"法定刑升格"。

注意2：结果加重犯是一种特殊的情节加重犯。结果加重犯只有一个行为，在形式上符合"……致人重伤""……致人死亡"的要求。如果前后是两个行为（如绑架又杀人），就不是结果加重犯，而是一般的情节加重犯（加重情节）。

[例] 董某向在自己店里工作的路某谎称："有人欠我赌债不还，去把其子带来，逼其还债。"路某信以为真，表示同意。当日下午，二人将被害人吴某捆绑回家，打电话向吴某的父亲索要财物。一日后，趁路某出门，董某用花瓶猛击吴某的头部，导致吴某死亡。董某和路某的行为如何定性？

答：董某具有勒索财物的目的，构成绑架罪；路某具有帮助董某索取赌债的目的，构成非法拘禁罪。后董某趁路某外出，故意杀害被害人吴某，属于绑架并杀害被绑架人，构成绑架罪，加重处罚；路某虽然不对董某的故意杀人行为负责，但在与董某约定非法拘禁时，对吴某的死亡结果有预见可能性，因此属于"非法拘禁致人死亡"。

命题角度分析

加重情节如何表达？有哪些常见的加重情节？

考点63 转化犯

情　形	转化罪名
聚众斗殴，过失致人死亡的	转化为故意杀人罪
聚众斗殴，过失致人重伤的	转化为故意伤害罪

续表

情　　形	转化罪名
非法拘禁又使用拘禁以外的暴力,过失致人死亡的	转化为故意杀人罪
非法拘禁又使用拘禁以外的暴力,过失致人重伤的	转化为故意伤害罪
刑讯逼供、暴力取证,过失致人死亡的	转化为故意杀人罪
刑讯逼供、暴力取证,过失致人重伤的	转化为故意伤害罪
盗窃、诈骗、抢夺后为抗拒抓捕当场使用暴力或者以暴力相威胁的	转化为抢劫罪
危险驾驶导致他人死亡的	转化为交通肇事罪

万能金句 甲构成聚众斗殴罪,且聚众斗殴过程中不慎导致他人死亡,转化为故意杀人罪。

注意1：聚众斗殴中,只有实际导致他人重伤、死亡者或者特定首要分子才转化,而非所有参与者都转化。

注意2：在聚众斗殴或者非法拘禁之后又故意杀人的,应当数罪并罚。

[例] 首要分子甲通过手机指令要求所有参与者乙、丙、丁"和对方打斗时,下手重一点"。在聚众斗殴过程中,被害人被乙、丙、丁中谁的行为重伤致死无法查明。甲、乙、丙、丁的行为分别如何定性？

答：甲、乙、丙、丁触犯聚众斗殴罪的共同犯罪,其中,乙、丙、丁是共同正犯,甲是教唆犯。由于只有直接造成死亡的斗殴者和首要分子的行为才转化为故意杀人罪,因此,根据"存疑有利于被告"原则,乙、丙、丁的行为均不能转化为故意杀人罪,仅构成聚众斗殴罪；甲作为首要分子,无论被害人的死亡结果由乙、丙、丁中的谁导致,其对被害人的死亡结果均具有预见可能性,因此,甲的行为转化为故意杀人罪。

考点64 事后不可罚

杀人之后藏尸、抛尸、碎尸	藏尸、抛尸、碎尸的行为一般属于事后不可罚,只认定为故意杀人罪。
犯罪之后点火	如果是大面积点火,危及公共安全,另行构成放火罪,与前罪数罪并罚。
	如果是针对财物小范围点火,不危及公共安全,不另行构成放火罪。
盗窃财物之后冒充主人出售	出售(自己偷的)赃物的行为一般属于事后不可罚,只构成盗窃罪。
	如果以虚高价格将财物出售,另行构成诈骗罪,与盗窃罪数罪并罚。
盗窃财物之后毁坏	毁坏(自己偷的)赃物的行为一般属于事后不可罚,只构成盗窃罪。
	如果是毁坏文物,另行构成故意损毁文物罪,与盗窃罪数罪并罚。
走私枪支之后出售	构成走私武器罪和非法买卖枪支罪,数罪并罚。
	如果是走私枪支之后又持有,后行为属于事后不可罚,只认定为走私武器罪。

[万能金句] 甲盗窃之后销售赃物的行为缺乏期待可能性，属于事后不可罚，不再另行定罪。甲只构成盗窃罪。

[例] 丁盗窃他人价值 4000 元的手机，在销赃时夸大手机功能，将其以 1 万元的价格卖出。丁的行为如何定性？

答：丁盗窃他人财物，数额为 4000 元，构成盗窃罪；之后虚构事实，以 1 万元的价格将手机卖出，构成诈骗罪，数额为 6000 元，与盗窃罪数罪并罚。

📝 命题角度分析

考生需掌握常考的事后不可罚的情形。

专题 11 量 刑

考点 65 主观题涉及的从重情节、加重情节与不需要数额的情节

从重情节	累犯	
	受贿罪	索贿
	强奸罪	奸淫幼女
加重情节 (标*的为结果加重犯)	抢劫罪	入户抢劫
		抢劫致人重伤、死亡*
		持枪抢劫
		在公共交通工具上抢劫
	强奸罪	强奸致人重伤、死亡*
		在公共场所强奸
		轮奸
	拐卖妇女、儿童罪	拐卖妇女、儿童致人重伤、死亡*
		拐卖又强奸
		拐卖又强迫卖淫
	交通肇事罪	交通肇事后逃逸
		交通肇事后逃逸致人死亡
	非法拘禁罪	非法拘禁致人重伤、死亡*（拘禁行为本身致人重伤、死亡）
	绑架罪	绑架并杀害被绑架人
不需要数额的特殊情节	盗窃罪	入户盗窃
		扒窃
		携带凶器盗窃
		多次盗窃

💡 注意："可以从轻、减轻处罚""应当从轻、减轻或者免除处罚"等情节均可以写作"从宽处罚"。

[例] 甲入户盗窃，遇到主人乙在家。甲为了抗拒抓捕，对乙使用暴力，将乙打成重伤。甲的行为如何定性？

答：甲犯盗窃罪，为了抗拒抓捕当场使用暴力，转化为抢劫罪，且属于"入户抢劫""抢劫致人重伤"，应当加重处罚。

命题角度分析

考生需熟练掌握主观题涉及的从重情节、加重情节、不需要数额的情节，在考试中做到对号入座。

考点 66 一般累犯

一般累犯的条件	主观要求	前罪和后罪都是故意犯罪	
	刑度要求	都是判处有期徒刑以上刑罚	都必须是"实刑"，缓刑无累犯
	年龄要求	前罪和后罪都是年满18周岁后犯的	
	期限要求	5年内又犯罪	从刑罚执行完毕之日起计算
			从假释考验期满之日起计算
一般累犯的处理	从重处罚		
	不得缓刑、假释		

万能金句 甲在刑罚执行完毕之日起5年内又实施犯罪，属于累犯，从重处罚，不得缓刑、假释。

注意：由于一般累犯的5年期限是从假释考验期满之日起计算，因此，假释考验期内犯罪的，不属于累犯。

[例] 甲系被假释的犯罪分子，其在假释考验期内再犯盗窃罪。对甲的盗窃罪是否需要从重处罚？

答：不需要。甲在假释考验期内犯罪，不属于累犯，无需从重处罚。

考点 67 一般自首中"自动投案"的认定

投案的对象	需要向公权力机关投案，包括可以代表公权力机关的个人。
逃跑的问题	投案又逃跑，之后又投案的，仍是自首。
	被采取强制措施后逃跑，之后又投案的，不是自首。
报警的问题	报警之后离开现场的，不是自首。
	报警后留在现场等待被抓获的，是自首。
亲友的问题	被亲友采用捆绑等手段送到司法机关的，不是自首。
	并非出于犯罪嫌疑人主动，而是经亲友规劝、在亲友陪伴下投案的，是自首。
"在路上"	经查实确已准备去投案，或者正在投案途中，被公安机关捕获的，是自首。

万能金句 甲在实施犯罪之后自动投案，如实供述罪行，属于一般自首，从宽处罚。

[例1] 谭某犯罪后怀孕，又与同伙白某产生争吵。谭某前往公安机关投案，此时白某逃往外地。谭某因怀有身孕被公安机关监视居住，后趁去医院做产检途中逃匿。公安机关将二人的信息录入全国在逃人员信息库。2018年5月1日，谭某在外逃途中流产，经母亲劝说，谭某准备回乡投案，途中被公安机关抓获。谭某是否属于自首？

分析思路："被采取强制措施后逃跑，之后又投案"，必须是公权力机关主动采取强制措施的情况。谭某被监视居住是基于其自动投案的行为引发的，不属于"被采取强制措施后逃跑，之后又投案"的情形，而是属于"投案又逃跑，之后又投案"的情形，因此，谭某仍然属于自首。

答：谭某在投案后逃跑又自动投案，虽然投案后逃跑的不成立自首，但不影响后一次投案的认定。且在投案途中被抓获的，不影响自首的成立。因此，谭某属于自首。

[例2]（对比）（2009年主观题）公安机关认为甲有犯罪嫌疑，即对其实施拘传。甲在派出所趁民警应对突发事件无人看管之机逃跑。半年后，得知甲行踪的乙告知甲，公安机关正在对甲进行网上通缉，甲于是到派出所交代了自己的罪行。甲是否属于自首？

答：甲被公安机关采取强制措施后逃跑再投案，即便如实供述，也不能成立自首。

考点68　一般自首中"如实供述"的认定

辩解的问题	为自己辩解的，不影响自首成立。
隐瞒部分事实	隐瞒犯罪事实的，只要不影响定罪量刑，仍是自首。
隐瞒部分罪行	对供述的罪行成立自首，对隐瞒的罪行不成立自首。
供述同案犯	必须供述同案犯的本起犯罪事实才能构成自首。供述同案犯的本起犯罪事实不再成立立功。

万能金句 甲在实施强奸和杀人行为之后自动投案，但仅供述了故意杀人的罪行，故仅对故意杀人罪构成自首，从宽处罚。

[例] 甲强奸之后杀害被害人，并向公安机关投案，说明了自己强奸的事实，但拒绝交代自己杀人的事实。甲是否成立自首？

答：甲自动投案，如实供述强奸的犯罪事实，仅成立对强奸罪的自首，从宽处罚。

考点69　特别自首与坦白

一般自首	自动投案，如实供述自己的罪行。	
特别自首	被采取强制措施后，如实供述司法机关还未掌握的本人的其他异种罪行。	犯罪人所供述的其他罪行在犯罪罪名上需要与司法机关已经掌握的罪行不同，才可认定为自首。
坦白	被司法机关怀疑、发觉其犯罪事实后，在司法机关的审讯下如实交代其罪行。	

[万能金句] 甲如实供述司法机关还未掌握的本人的故意杀人罪行，对故意杀人罪构成特别自首，从宽处罚。

[例] 2003 年 2 月 1 日，谭某和丈夫白某强奸并杀害被害人。

2016 年 3 月 1 日，白某进入 a 家入户盗窃数额较大的财物。

2018 年 4 月 1 日，谭某犯罪后怀孕，又与白某产生争吵。谭某前往公安机关投案，交代全部犯罪事实。此时白某逃往外地，谭某因怀有身孕被公安机关监视居住，后趁去医院做产检途中逃匿。公安机关将二人的信息录入全国在逃人员信息库。

2018 年 6 月 1 日，白某在外逃途中盗窃 b 的信用卡并使用，数额较大，因此在外地被抓。在公安人员讯问时，白某起初使用假名，后经讯问人员做思想工作，如实交代自己的真名，并供述了自己在 2003 年实施的强奸杀人事实，以及 2016 年盗窃 a 家的事实，并揭发了谭某参与杀人的事实。

白某能否成立自首？

答：白某不成立自首。

（1）白某对强奸和故意杀人罪行的供述不是自首。由于强奸、故意杀人事实已经录入全国在逃人员信息库，系司法机关已经掌握的罪行，而白某既没有自动投案，又没有如实供述司法机关还未掌握的本人其他罪行，因此不属于自首。

（2）白某对"进入 a 家入户盗窃"罪行的供述不成立自首。白某因为盗窃罪被抓，这与其供述的事实罪名相同，不属于特别自首。

综上所述，白某不构成自首。

考点70 立　功

立　功	提供线索型	有效性：不包括基本线索。例如，提供单纯的电话号码、单纯的体貌特征，不属于立功。
		自发性：提供以前执行公务中掌握的线索、亲友代为提供线索的，不能成立立功。
		独立性：需要提供与自己构成的犯罪有独立性的线索，不包括同案犯本次犯罪的线索。
	帮助抓获型	打电话约犯罪嫌疑人到指定地点。
		当场指认、辨认犯罪嫌疑人。
		带领侦查人员抓获犯罪嫌疑人。
重大立功		检举、揭发他人重大犯罪行为（可能被判处无期徒刑以上刑罚）。

[注意]："提供线索型"的立功不包括提供同案犯本次犯罪的线索（提供同案犯本次犯罪的线索是自首的一部分），但"帮助抓获型"的立功包括帮助抓获同案犯。

[万能金句] 甲犯罪后揭发他人犯罪行为，属于立功，从宽处罚。

[例] 甲（民营企业销售经理）因合同诈骗罪被捕。在侦查期间，甲主动供述其曾向国家工作人员乙行贿9万元，司法机关遂对乙进行追诉。后查明，甲的行为属于单位行贿，行贿数额尚未达到单位行贿罪的定罪标准。甲的主动供述的行为如何定性？

答：甲因合同诈骗罪被捕，供述了与合同诈骗罪无关的他人受贿的罪行，因而属于立功。

考点 71 　追诉时效

追诉时效的起算	从成立犯罪时起计算追诉时效，继续犯从犯罪行为终了（状态结束）之日起计算。
追诉时效的延长	公安机关已经立案或法院已经受理，行为人逃避侦查或者审判的，不受追诉时效限制。
追诉时效的中断	在追诉期限以内又犯罪的，前罪的追诉时效从犯后罪之日起重新计算。
常见的追诉时效	危险驾驶罪、盗窃罪等较轻的罪行	5年追诉时效。
	强奸罪、抢劫罪的基本犯	15年追诉时效。
	可能被判死刑的罪行，如故意杀人罪	20年追诉时效。20年以后认为必须追诉的，须报请最高人民检察院核准。

万能金句 甲的抢劫罪已经超过追诉时效，不予追究刑事责任。

[例1] 1998年，田某与向某登记结婚。2008年4月，田某与杨某以夫妻名义同居。同年8月，二人举办了婚礼，并在B市购买了一套房产居住，且育有一子。2010年，田某前往D市工作，未告知杨某。2013年，杨某找到田某，要求与其办理结婚登记，田某拒绝并再次离开杨某。2014年年初，田某回到B市向某处生活。同年5月，在未通知杨某的情况下，田某将曾与杨某同居的房产（登记在田某名下）出售。2015年3月，杨某找到田某并报警，田某被抓获。田某的重婚行为属于何种罪数形态？其追诉时效应从何时开始计算？

答：田某的重婚行为属于继续犯。2014年，田某回到原配向某处生活，并变卖房产，表明了其不再维持事实婚姻的意思，犯罪状态结束，故追诉时效从2014年开始计算。

[例2] 1980年年初，甲强奸某妇女并将其杀害。1996年年末，甲因酒后驾车致人重伤。两案在2007年年初被发现。甲的行为如何定性？是否应追究其刑事责任？

答：1980年，甲构成故意杀人罪和强奸罪，故意杀人罪的追诉时效是20年，强奸罪的追诉时效是15年。到1996年，强奸罪已经超过追诉时效，故意杀人罪尚未超过追诉时效。1996年，甲犯交通肇事罪，导致故意杀人罪的追诉时效从1996年开始重新计算20年，同时使得交通肇事罪的追诉时效5年开始计算。因此，到2007年，交通肇事罪已经超过追诉时效，但故意杀人罪没有超过追诉时效。因此，应当以故意杀人罪追究甲的刑事责任。

命题角度分析

考生需掌握追诉时效的起算、延长和中断制度，知道常见罪名的追诉时效期限，会在具体案件中计算追诉时效是否经过。

专题 12 财产犯罪

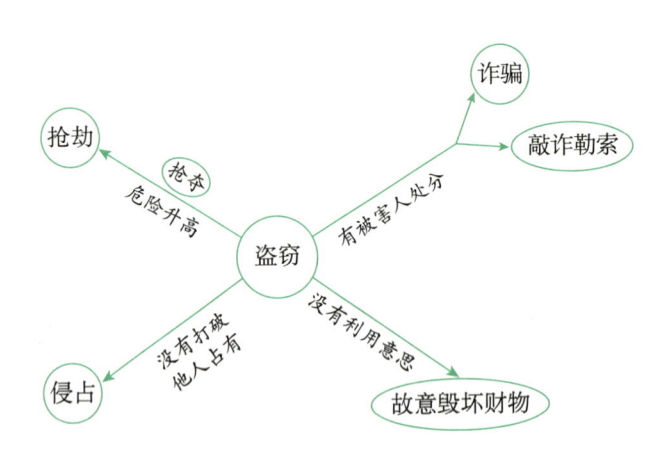

思维导图：
- 盗窃 → 抢劫（危险升高）、抢夺
- 盗窃 → 诈骗、敲诈勒索（有被害人处分）
- 盗窃 → 故意毁坏财物（没有利用意思）
- 盗窃 → 侵占（没有打破他人占有）

	内在特质	外在特质
抢劫	对人身有高度危险性	暴力、胁迫、其他手段
诈骗（敲诈勒索）	被害人过错	被害人处分
侵占	"只立不破"	将委托占有物、遗失物据为己有
故意毁坏财物	"只破不立"	没有利用意思，仅破坏财物效用

盗窃罪：考点 72、73

考点 72 公开取得他人财物的认定

秘密窃取说	认为盗窃必须是秘密进行的	公开、平和取得他人财物的，一般构成抢夺罪
平和窃取说（通说）	认为只要对人身没有危险性，就可以认定为盗窃	公开、平和取得他人财物的，构成盗窃罪

万能金句 甲的行为对他人的人身没有危险性，其打破他人占有、建立新的占有，构成盗窃罪。

[例] 甲携带凶器潜入他人房间欲盗窃，忽见床上坐起一老妪，哀求其不要拿她的东西。甲不理睬而继续翻找，拿走一条银项链（价值 400 元）。甲的行为如何定性？请写出两种观点。

答：本案中，甲没有压制老妪的反抗，不构成抢劫罪。对于甲的行为的定性，存在两种不同的观点：

观点1：如果认为盗窃可以是公开进行的，则甲对他人的人身法益不存在危险性，其打破他人对财物的占有、建立新的占有，构成盗窃罪；

观点2：如果认为盗窃必须是秘密进行的，则甲公然取走他人财物，是抢夺行为，由于是携带凶器抢夺，转化为抢劫罪。

✏️ **命题角度分析**

考生需熟练掌握盗窃罪的不同观点以及通说结论。

考点 73 扒窃、入户盗窃与携带凶器盗窃

入户盗窃、扒窃、携带凶器盗窃、多次盗窃的，不需要达到一定数额也可以构成盗窃罪。

注意1：入户盗窃既不是加重情节，也不是从重情节，更不是既遂标准（需要取得财物才是盗窃罪既遂），只是不需要数额的特殊情节。

注意2：扒窃不要求对象是体积较小的财物，只要求靠近对方窃取财物。例如，在拥挤的火车站窃取他人贴身的财物，或者在火车上将他人放在行李架上的财物拿走，都是典型的扒窃。

注意3：携带凶器盗窃既不是加重情节，也不是从重情节，只是不需要数额的特殊情节。

万能金句 甲携带匕首潜入他人家中实施盗窃行为，构成盗窃罪，属于"入户盗窃"，且属于"携带凶器盗窃"。

[例] 甲与余某有一面之交，知其孤身一人。某日凌晨，甲携匕首到余家盗窃，物色一段时间后，未发现可盗财物。此时，熟睡中的余某偶然大动作翻身，且口中念念有词。甲怕被余某认出，用匕首刺死余某后，仓皇逃离。甲的行为如何定性？

答：甲企图打破对方占有、建立新的占有，构成盗窃罪，且属于"入户盗窃""携带凶器盗窃"，但是在实行阶段因为客观原因未能得逞，属于犯罪未遂；之后甲非法剥夺他人生命，构成故意杀人罪，与盗窃罪数罪并罚。

抢夺罪与抢劫罪：考点 74~83

考点 74 抢夺罪

	行为方式	人身危险	特殊情节
盗窃罪	打破他人占有、建立新的占有	无	入户盗窃、携带凶器盗窃等"无需数额"的情节

	行为方式	人身危险	特殊情节
抢夺罪	对物暴力、对人危险	低（附带危险）	无
抢劫罪	压制反抗、取得财物	高	入户抢劫、抢劫致人死亡、在公共交通工具上抢劫等加重情节

[万能金句] 甲对他人的财物使用暴力，对他人的人身具有一定的危险性，构成抢夺罪。

[例] 甲（15周岁）求乙（16周岁）为其抢夺作接应，乙同意。某夜，甲抢夺被害人的手提包（内有1万元现金）后，将包扔给乙，然后吸引被害人跑开。乙害怕坐牢，将包扔在草丛中，独自离去。甲和乙的行为如何定性？

答：甲和乙在违法层面成立抢夺罪的共同犯罪。甲对物使用暴力、对他人的人身存在一定的危险，属于抢夺罪的正犯，但因没有达到刑事责任年龄，不负刑事责任。乙为甲的抢夺行为提供帮助，属于抢夺罪的帮助犯，负刑事责任。由于已经取得财物，因此，乙属于犯罪既遂。

考点75 普通抢劫中的"压制反抗"

压制反抗	暴力	暴力需要达到压制他人反抗的程度。
		抢劫罪中的暴力可以包括故意杀人的暴力。
	胁迫	胁迫是指"以恶害相通告"。
		抢劫罪（包括事后抢劫）中的胁迫只能包括以紧迫的暴力相威胁，否则构成敲诈勒索罪。
	其他	"其他方式"是指创造了被害人不能反抗的状态，如灌醉、麻醉、催眠他人后取得财物。 注意：如果是利用他人醉酒等状态取走财物，仅构成盗窃罪。
普通抢劫的对象	普通抢劫中被压制反抗的对象必须与财物有关，要么是财物的所有人，要么是占有人，不包括被误认的路人；如果是被误认的路人，涉及抢劫和盗窃的包容评价问题。	

[万能金句] 甲以胁迫的方式压制他人反抗，取得财物，构成抢劫罪。

[例] 甲看到他人的摩托车旁边站着乙，误以为乙是车主。甲为了取得摩托车，对乙使用暴力，导致乙重伤。实际上，乙只是站在别人的摩托车旁边看风景，并不是摩托车的主人。甲的行为如何定性？

分析思路：如前文所述，由于普通抢劫罪中被压制反抗的人必须与财物有关，因此，甲主观上想抢劫，客观上只构成盗窃罪，成立抢劫罪（未遂）与盗窃罪的想象竞合，再与故意伤害罪数罪并罚。

答：甲主观上意图压制他人反抗、取得财物，具有抢劫的故意；客观上对与财物无关的第三人使用暴力，之后取走财物，是故意伤害和盗窃的行为。根据"主客观相统一"原则，甲应认定为抢劫罪（未遂）与盗窃罪的想象竞合，再与故意伤害罪数罪并罚。

考点 76 ▶▶ 转化抢劫（携带凶器型）

携带	不要求且不能显露	如果显露凶器给被害人看，直接定普通抢劫，无需转化。
	"携带"要求凶器处于随时可以支配的范围内。	
凶器	"凶器"需要具有杀伤力和"非日常性"	抢夺时驾驶的汽车、佩戴的领带等具有"日常性"特征，不属于"凶器"。

携带凶器抢夺的，转化为抢劫罪。

[万能金句] 甲将凶器藏在包中实施抢夺行为，属于"携带凶器抢夺"，转化为抢劫罪。

[例] 2012年7月2日上午，何正雄与何丙红合谋抢夺路人财物。出门时，何正雄明知何丙红身上携带了两把管制刀具，却未理睬。何丙红驾驶摩托车载何正雄来到武汉市一国道路口，看到沈女士独自行走，何正雄便下车过去，一把抢走她脖子上的金项链，然后二人驾驶摩托车逃离现场。二人的行为如何定性？

答：二人将凶器置于随时可以支配的范围内，并且实施了抢夺行为，均属于"携带凶器抢夺"，均转化为抢劫罪。

考点 77 ▶▶ 转化抢劫（使用暴力或胁迫型）

犯盗窃、诈骗、抢夺罪，为窝藏赃物、抗拒抓捕、毁灭罪证而当场使用暴力或以暴力胁迫他人的，转化为抢劫罪。

犯盗窃、诈骗、抢夺罪	不要求既遂。
	不要求达到特定数额。
为窝藏赃物、抗拒抓捕、毁灭罪证	如果是基于其他目的，不是转化抢劫。
当场使用暴力或以暴力胁迫他人	需要当场。
	针对自己或针对物使用暴力或者以暴力相威胁的，不能转化为抢劫。
	不要求造成轻伤。

[万能金句] 甲在实施盗窃之后，为了抗拒抓捕而当场使用暴力，转化为抢劫罪。

[例1] 甲和乙开车前往丙家借钱。乙在车上等，甲进屋向丙借钱。丙说："家里没钱。"甲在丙家吃饭过夜。乙见甲长时间不出来，只好开车回家。甲一觉醒来，见丙已睡着，便起身试图打开保险柜。丙惊醒并大声斥责甲，说道："快住手，不然我报警了！"甲恼怒之下将丙打死，藏尸地窖。甲和乙的行为如何定性？

答：甲在盗窃之后为了抗拒抓捕而使用杀人的暴力，转化为抢劫罪，且属于"抢劫致人死亡"。甲和乙没有形成犯罪的合意，乙不构成犯罪。

[例2] 李某趁正在遛狗的老妇人王某不备，抢下王某装有4000元现金的手包就跑。王某让名贵的宠物狗追咬李某。李某见状，在距王某50米处转身将狗踢死后逃离。王某眼见一切，因激愤致心脏病发作而亡。李某的行为如何定性？

答：李某在抢夺他人手包之后并未对人使用暴力或者以暴力相威胁，不属于转化抢劫。李某故意毁坏他人财物，构成故意毁坏财物罪，与抢夺罪数罪并罚。

[例3] 龚某、洪某二人盗窃沉香树时被刘某与任某发现，洪某立即逃跑。龚某为了窝藏所盗沉香，对刘某、任某以不让拿走沉香就向林业主管部门告发相威胁。刘某、任某担心自己非法砍伐林木的行为被发现，就让龚某拿走了盗窃的价值2万元的沉香。龚某、洪某的行为如何定性？

答：龚某试图打破他人占有、建立新的占有，构成盗窃罪，但在实行阶段因为客观原因未能得逞，构成盗窃罪（未遂）。之后，龚某以暴力以外的事由相威胁，取得财物，不属于转化抢劫，而是构成敲诈勒索罪。由于侵犯的是同一财产法益，龚某的行为仅评价为敲诈勒索罪。洪某没有实施恐吓的行为，仅构成盗窃罪（未遂）。

> **命题角度分析**
>
> 考生需熟练掌握"使用暴力或以暴力相威胁型转化抢劫"的成立条件，包括前置罪名、目的、手段。

考点78 转化抢劫中的共犯问题

示例1	甲盗窃金条后逃跑，主人追击，甲痛殴主人，乙中途加入一起殴打主人。	乙加入甲的转化抢劫，是承继共犯，二人均构成抢劫罪。
示例2	甲盗窃金条后逃跑，主人追击，甲教唆乙痛殴主人，乙照做（甲犯盗窃罪，又教唆他人使用暴力）。	甲盗窃之后教唆他人使用暴力，转化为抢劫罪；乙中途加入，也构成抢劫罪。其中，甲是教唆犯，乙是正犯。
示例3	甲盗窃金条后逃跑，主人追击，甲欺骗乙自己正在遭受主人的不法侵害，乙信以为真，痛殴主人。	甲犯盗窃罪，又欺骗他人使用暴力，转化为抢劫罪，属于间接正犯；乙误以为存在不法侵害进行"防卫"，属于假想防卫。
示例4	甲盗窃金条后逃跑，主人追击，乙在甲不知情的情况下，自愿痛殴主人，使甲成功逃跑。	乙在甲盗窃既遂之后才加入，不构成共同犯罪，当然也就不是片面共犯。乙只构成窝藏罪。
示例5	甲盗窃金条后逃跑，主人追击，甲痛殴主人，乙同时在甲不知情的情况下扔石头砸主人。	虽然甲触犯的盗窃罪已经既遂，但其为了抗拒抓捕而使用暴力，转化为抢劫罪；乙在甲抢劫中途加入，属于承继共犯，也构成抢劫罪。

万能金句 甲在实施盗窃之后，为了抗拒抓捕而当场使用暴力（或以暴力相威胁），转化为抢劫罪；乙在中途加入，属于抢劫罪的承继共犯。

[例] 被告人郑某某在公交车上挤靠准备下车的乘客并实施扒窃，当乘客王某察觉并制止扒窃时，郑某某在公交车上对王某拳打脚踢，王某不断反抗。此时，看到全过程的乘客陈某也帮助郑某某对王某进行殴打，直到将王某打倒，导致王某重伤。现无法查明该重伤由谁造成。郑某某和陈某的行为如何定性？

答：郑某某打破他人对财物的占有、建立新的占有，构成盗窃罪，属于"扒窃"；之后为了抗拒抓捕而使用暴力，转化为抢劫罪，属于"在公共交通工具上抢劫"，加重处罚。陈某在中途加入，属于承继共犯，构成抢劫罪。由于郑某某无论如何都需要对被害人王某的重伤结果负责，因此构成抢劫罪（致人重伤），而根据"存疑有利于被告"原则，陈某不对王某的重伤结果负责。

考点 79　转化抢劫中的错误问题

情况 1	如果没有认错，对追捕的第三人使用暴力或者以暴力相威胁	也是转化抢劫。
情况 2	如果将路人（没有追捕）误认为是主人而使用暴力或者以暴力相威胁	通说认为，转化抢劫中的"抗拒抓捕"需要以真实存在抓捕为前提，因此将路人（没有追捕）误认为是主人而使用暴力或者以暴力相威胁的，不属于转化抢劫。 也有其他学说认为，转化抢劫中的"抗拒抓捕"只需要行为人主观上认为存在抓捕即可，因此将路人（没有追捕）误认为是主人而使用暴力或者以暴力相威胁的，仍然属于转化抢劫。
情况 3	如果向抓捕者开枪，但发生打击错误，导致他人死亡	依然转化为抢劫罪，且是抢劫致人死亡。

[例] 甲入户盗窃一台笔记本电脑，下楼时遇到乙，以为乙是户主，为了窝藏赃物，将乙打成轻伤。实际上乙是来发小广告的，不知道甲的罪行。甲的行为如何定性？

答：对于甲的行为，存在两种不同的观点：

观点 1：甲犯盗窃罪，之后为了抗拒抓捕而使用暴力，即使发生了对象错误，也转化为抢劫罪，且属于入户抢劫，加重处罚。

观点 2：甲发生了对象错误，其使用暴力的对象并非财物的所有人或者占有人，在客观上不属于"抗拒抓捕"，因此不属于转化抢劫。甲在盗窃之后损害他人身体健康，导致了轻伤的结果，构成故意伤害罪，与盗窃罪数罪并罚。

考点 80 　抢劫致人重伤、死亡

	定	罪
抢劫过程中过失致人死亡	抢劫罪（致人死亡）	"致人死亡"中的"人"需要有通常性，包括同伙，也包括在场的路人，但不包括抢劫中偶遇的仇人，也不包括抢劫后逃跑中不慎撞死的路人。
为了取财故意杀人		
为了取财以外的目的杀害被害人后另起犯意、取走财物	故意杀人罪与盗窃罪（或侵占罪），数罪并罚（观点展示）	如果认为死者仍占有财物，行为人打破他人占有、建立新的占有，是盗窃罪。
		如果认为死者不占有财物，行为人变占有为所有，是侵占罪。
抢劫财物后，为了灭口杀害被害人	抢劫罪与故意杀人罪，数罪并罚。	

注意：转化抢劫中杀死被害人的，不仅是转化抢劫，也是抢劫致人死亡。

万能金句 甲为了取得财物使用暴力杀害他人，构成抢劫罪，且属于"抢劫致人死亡"，加重处罚。

[例1] 李某将一女子张某骗至公共绿地，并将三唑仑片放入饮料中，骗张某饮用，趁张某服药神志不清之际，抢走张某2万余元现金。在强摘张某耳环时，遭张某反抗，李某对张某进行殴打。次日上午10时许，张某的尸体在该绿地东南边的水沟里被发现，经法医鉴定，张某系被他人扼颈后溺水致窒息而亡。对于抢劫行为，李某始终辩称，他只想谋财，从未有过害命之意。李某的抢劫行为是否属于结果加重犯？为什么？

答：李某压制他人反抗，取得财物，构成抢劫罪，在此过程中，其对张某的死亡结果至少具有间接故意，触犯故意杀人罪。因此，李某的行为应整体上评价为抢劫罪（致人死亡），加重处罚。

[例2] 丁抢劫邱某家的财物后，准备驾车离开时被邱某发现，其在逃跑过程中不慎将路人刘某撞死。丁的行为如何定性？

答：丁抢劫之后违反交通运输管理法规，造成严重后果，构成交通肇事罪，与抢劫罪数罪并罚。

命题角度分析

考生需掌握"抢劫致人死亡"的认定，命题人经常将转化抢劫和"抢劫致人死亡"结合考查。例如，行为人盗窃之后为了抗拒抓捕杀死他人的，转化为抢劫罪，且属于抢劫致人死亡。

考点 81　入户抢劫

入户抢劫	"入"是指以对被害人不利的违法或者犯罪目的进入	入户盗窃，为了抗拒抓捕，在户内实施暴力，转化为抢劫的同时，也属于入户抢劫。
		入户嫖娼，之后抢劫的，一般不认定为"入户抢劫"。
	"户"是指生活场所，包括渔民的帐篷，不包括宿舍、超市	将他人逼入无人居住的烂尾楼而取得财物的，不属于"入户抢劫"。
	"入户抢劫"要发生在户内	行为人从户外追赶被害人进入户内后实施抢劫行为的，应当认定为"入户抢劫"。
		将户主追出户外，在户外实施抢劫的，不属于"入户抢劫"。

万能金句 甲非法侵入他人户内实施抢劫行为，构成抢劫罪，且属于"入户抢劫"，加重处罚。

[例] 乙潜入周某家盗窃，正欲离开时，周某回家，进屋将乙堵在卧室内。乙掏出凶器对周某进行恐吓，迫使周某让其携带财物离开。乙的行为如何定性？

答：乙入户实施盗窃，之后为了抗拒抓捕而以暴力相威胁，转化为抢劫罪，且属于"入户抢劫"，加重处罚。

命题角度分析

考生需要掌握"入户抢劫"的成立条件和处理，以及行为人入户盗窃之后转化为抢劫时入户的处理。

考点 82　在公共交通工具上抢劫

在公共交通工具上抢劫	需要危及不特定人的法益	不包括在小型出租车上抢劫司机的情况。
		驱赶公交车上的人下车，实施抢劫的，也属于"在公共交通工具上抢劫"。
		在公交车上抢劫特定人财物的，也属于"在公共交通工具上抢劫"。
		在公交车上实施盗窃、诈骗、抢夺，下车后转化抢劫的，不属于"在公共交通工具上抢劫"。

万能金句 甲在公共交通工具上实施抢劫行为，危及不特定人的法益，构成抢劫罪，且属于"在公共交通工具上抢劫"，加重处罚。

[例] 在某公交车上，歹徒甲看中乘客乙价值 5000 元的手包，在公交车到站准备开门的时候，夺下手包就跑下车。乘客乙追着不放。好心的乘客丙也帮忙下车追赶甲。跑出

200米后,甲拿起旁边水果摊的水果刀威胁丙:"再过来我就不客气了。"丙毫不示弱,拼死抢回手包。甲的行为如何定性?

答:甲对物使用暴力,对他人的人身存在一定危险性,触犯抢夺罪。甲为了抗拒抓捕而以暴力相威胁,转化为抢劫罪,但由于没有危及不特定人的法益,因此不属于"在公共交通工具上抢劫"的加重情节。虽然丙取回了手包,但甲已经取得了财物,属于犯罪既遂。

考点83 财产性利益与观点展示

财产性利益可以成为诈骗罪的对象	骗免债务的,可以构成诈骗罪。
财产性利益能否成为盗窃罪的对象存在争议(如吃完喝完后产生不付钱的意思逃跑的)	通说认为,盗窃罪的对象不包括财产性利益,行为人逃跑的行为没有使得债权消灭,行为人不构成盗窃罪。
	有观点认为,盗窃罪的对象包括财产性利益,行为人逃跑的行为使得债务在事实上难以追回,行为人构成盗窃罪。
财产性利益能否成为抢劫罪的对象存在争议(观点展示)	如果认为"人死债灭",杀人的行为可以被抢劫罪所包容。
	如果认为"人死债不灭",杀人的行为只能单独定罪。

[例] 赵某与钱某原本是好友,赵某受钱某之托,为钱某保管一幅名画(价值800万元)达3年之久。某日,钱某来赵某家取画时,赵某要求钱某支付10万元保管费,钱某不同意。赵某突然起了杀意,为使名画不被钱某取回进而据为己有,用花瓶猛砸钱某头部,致钱某死亡。赵某的行为如何定性?

答:关于赵某杀害钱某以便将名画据为己有这一事实,存在两种观点:

观点1:如果认为财产性利益可以成为抢劫的对象,则赵某杀害钱某,使得钱某对名画的返还请求权这一财产性利益归于消灭,属于抢劫致人死亡。

观点2:如果认为财产性利益不能成为抢劫的对象,则赵某非法剥夺他人生命,构成故意杀人罪;将名画变占有为所有,构成侵占罪,与故意杀人罪数罪并罚。

命题角度分析

考生需要熟练掌握抢劫财产性利益问题中的观点展示。

诈骗罪与敲诈勒索罪:考点84~88

考点84 诈骗与敲诈勒索中"处分"的客观要件

只有存在被害人处分,行为人才能成立诈骗罪或者敲诈勒索罪;如果不存在被害人处分,行为人只能构成盗窃罪。

续表

"处分"的客观要件	被害人有处分能力	除了法律的特别规定以外，幼儿、精神病人、机器不能处分。
	处分行为	"处分"需要在客观上改变所有权归属或者长期占有，包括抛弃行为。
		如果被害人仅仅是将财物交给对方短期占有，则不属于"处分"。

万能金句

1. 甲虚构事实、隐瞒真相，使对方陷入错误认识处分财物，构成诈骗罪。
2. 甲以恶害相通告，使对方陷入恐惧处分财物，构成敲诈勒索罪。

[例] 菜贩刘某将蔬菜装入袋中，放在居民小区路旁长条桌上，写明"每袋20元，请将钱放在铁盒内"。然后，刘某去3公里外的市场卖菜。小区理发店的店员经常好奇地出来看看是否有人偷菜。甲数次公开拿走蔬菜（数额5000元），并假装往铁盒里放钱。甲的行为如何认定？

答：被害人刘某没有处分财物的行为，甲打破他人对财物的占有、建立新的占有，构成盗窃罪。

命题角度分析

考生需要掌握诈骗中"处分"的客观要件。命题人经常用"被害人短期转移占有"的情形来混淆考生，这种情形不属于"处分"，行为人不构成诈骗罪。

考点 85 诈骗与敲诈勒索中"处分"的主观要件

只有存在被害人处分，行为人才能成立诈骗罪或者敲诈勒索罪；如果不存在被害人处分，行为人只能构成盗窃罪。

"处分"的主观要件（"处分意思"）	"处分意思"需要被害人认识到标的（是个啥）。	
	"处分意思"是否需要被害人认识到数量（多少个），有不同观点（观点展示）	"抽象处分说"认为，"处分意思"不需要被害人认识到数量。
		"具体处分说"认为，"处分意思"需要被害人认识到数量。

万能金句 被害人没有认识到财物的具体标的，没有处分意思，甲"调包"的行为打破他人占有、建立新的占有，构成盗窃罪。

注意：如果被害人既没有认识到标的又没有认识到数量，则行为人构成盗窃罪；反之，如果被害人既认识到标的又认识到数量，则行为人构成诈骗罪。

[例] 臧某某赶至网吧后，以尚未看到金某付款成功的记录为由，发送给金某一个植入了支付305 000元的计算机程序的虚假链接，谎称金某点击该1元支付链接后，即可查看付款成功的记录。金某在诱导下点击了该虚假链接，其建设银行网银账户中的305 000元

随即通过臧某某预设的计算机程序，经上海快钱信息服务有限公司的平台支付到臧某某提前在福州海都阳光信息科技有限公司注册的"kissal23"账户中。（事实一）

之后，臧某某在网游网站注册一账户，并对该账户预设充值程序，充值金额为买家欲支付的金额，后将该充值程序代码植入到一个虚假淘宝网链接中。与买家商谈好商品价格后，臧某某以方便买家购物为由，将该虚假淘宝网链接通过阿里旺旺聊天工具发送给买家。买家误以为是淘宝网链接而点击该链接进行购物、付款，并认为所付货款会汇入支付宝公司为担保交易而设立的公用账户，但该货款实际通过预设程序转入网游网站在支付宝公司的私人账户。（事实二）

问：臧某某的行为如何定性？

答：

（1）事实一中，被害人金某没有认识到"点击链接"这一行为本身的性质，缺乏处分意思，臧某某打破他人对财物的占有、建立新的占有，构成盗窃罪；

（2）事实二中，被害人买家认识到了标的和数量，只是对交付的对象认识错误，具有"处分意思"，臧某某构成诈骗罪。

📝 **命题角度分析**

考生需要熟练掌握诈骗中"处分"的主观要件，理解抽象处分说和具体处分说的不同结论。

考点86 三角诈骗

第一步	找被骗人是谁。	
第二步	找被害人是谁。	
第三步	如果被骗人有权处分并处分了被害人的财物，行为人构成三角诈骗。	这里的"有权处分"的范围比民法广泛，只要行为人基于特定职业有相关权限即可，如保姆将主人的西装送交干洗就属于"有权处分"。
第四步	如果被骗人无权处分被害人的财物，行为人构成盗窃罪（间接正犯）。	

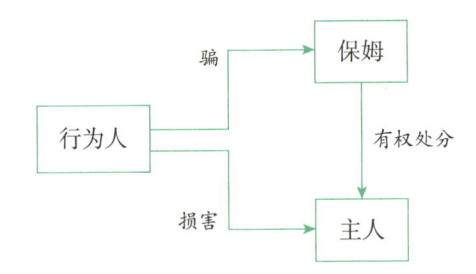

```
         骗      保姆
行为人  ────→    │
         ↘      │ 有权处分
         损害    ↓
                主人
```

万能金句 甲虚构事实，欺骗保姆，使得主人受到损失，且保姆具有将主人的西装送交干洗的相关权限，属于"有权处分"，甲构成诈骗罪，且属于"三角诈骗"。

[例] 甲欺骗李某家的保姆说："李某现在使用的手提电脑是我的，你还给我吧。"保姆信以为真，将电脑交给甲。甲的行为如何定性？

答：甲欺骗保姆，使得李某受到损失，且保姆有权帮助主人归还借用的他人财物，因此甲构成诈骗罪，且属于"三角诈骗"。

考点 87　"两头坑"（导致双方受损）的问题

第一步	找出被害人，看谁直接受到损害。
第二步	确定行为人通过何种方式使得被害人受损，视情况认定为盗窃罪、诈骗罪或者其他犯罪。
第三步	看对其他人是否可能构成犯罪、构成何种犯罪。

[例1] 甲将丙的树冒充是自己的卖给乙，并且让乙自己将树砍走，收取了乙的钱。甲的行为如何定性？

答：甲利用他人不知情的砍伐行为窃取丙的财物，属于盗窃罪的间接正犯。

此外，对甲欺骗乙的行为存在两种不同观点：

观点1：如果认为乙能够善意取得财物，则乙没有受到损失，甲对乙不构成诈骗罪；

观点2：如果认为乙不能善意取得财物，则乙受到损失，甲对乙还构成诈骗罪。

[例2] 洪某想通过租车用于质押骗取他人借款。洪某得知，所有的汽车都装有GPS系统，如果租车人没有按时归还，B公司（租车公司）就会根据GPS定位强行将汽车收回。洪某心想，即使自己欺骗了B公司，租期届满时，B公司也会将汽车收回，因而不会有财产损失。于是，洪某于2017年3月12日以真实身份与B公司签订了租车协议，从B公司租了一辆奥迪车，约定租车1周，并在租车时交付了租金。租到车后，洪某伪造了车辆行驶证与购车发票，找到C小贷公司的孙某借款50万元。孙某信以为真，将奥迪车留在公司（但没有办理质押手续），并借给洪某50万元。洪某归还了A银行的30万元贷款本息。1周后，B公司发现洪某没有归还车辆，便通过GPS定位找到车辆，并将车辆开回。洪某的行为如何定性？

分析思路：本案中，受损的是C小贷公司，且其是有资质的金融机构，所以洪某对其构成贷款诈骗罪。

答：洪某客观上伪造相关证件、骗取金融机构C小贷公司的贷款，主观上不想归还贷款，具有非法占有贷款的目的，构成贷款诈骗罪。

考点 88　诈骗与敲诈勒索的区分和竞合问题

情形1	行为人虚构第三方侵害的事实，以"破财免灾"为由取得财物的	由于被害人对"说话者"没有恐惧，因此行为人仅构成诈骗罪。

续表

情形 2	行为人虚构第三方侵害的事实,向对方勒索财物的	由于被害人对"说话者"产生了恐惧心理,因此,行为人构成诈骗罪和敲诈勒索罪,从一重罪处罚。
情形 3	行为人虚构他人被绑架的事实取得财物的	由于被害人陷入认识错误和恐惧处分财物,因此,行为人构成诈骗罪和敲诈勒索罪,从一重罪处罚。 [口诀] 假绑架,真敲诈,和诈骗从一重罚。
情形 4	行为人假装警察罚款或者假装联防队员抓嫖的	由于公民不应对执法者产生恐惧(而应当是"敬畏"),因此,行为人不构成敲诈勒索罪,仅构成诈骗罪(还可能构成招摇撞骗罪,与诈骗罪从一重罪处罚)。

[万能金句] 甲杀人后,欺骗和恐吓被害人家属,使其陷入认识错误和恐惧处分财物,甲构成诈骗罪和敲诈勒索罪,从一重罪处罚,与故意杀人罪数罪并罚。

[例] 甲、乙、丙三人控制小孩后,小孩哭闹不止要离开,丙恐被人发觉,用手捂住小孩口、鼻,然后用胶带捆绑其双手,并将其嘴缠住,致其机械性窒息死亡。第三天,乙打电话给赵某(小孩的父亲),威胁赵某赶快向指定账号打款30万元,不许报警,否则撕票。乙打电话索要财物的行为如何定性?

答:乙欺骗和恐吓赵某,使得赵某陷入认识错误和恐惧处分财物,构成诈骗罪和敲诈勒索罪,从一重罪处罚。

侵占罪与故意毁坏财物罪:考点 89~94

考点89 侵占罪

	核心含义	核心区别	占有的认定规则
盗窃罪	打破他人占有、建立新的占有	是否打破他人占有	(1)优先认定被害人的占有。如果被害人在场,则不认定行为人占有。 (2)占有包括"现实占有"和"观念占有","现实占有"强调在被害人的控制范围之内,"观念占有"强调按照一般社会观念占有处置财物安全。例如,车辆、房屋都属于观念占有的对象,即使侵占他人钥匙,行为人对车辆、房屋仍然是盗窃。 (3)狭小空间内遗失的财物转归场地管理人或者所有人占有,而不属于遗失物。后面的顾客或者乘客拿走财物的,认定为盗窃。 (4)委托他人保管房屋等不动产的,内部的财物仍然归委托人占有。保管者擅自拿走房屋内财物的,构成盗窃罪。
侵占罪	变占有为所有,包括对代为保管物的侵占和对遗失物的侵占		

万能金句 甲将他人财物变占有为所有，构成侵占罪。

[例] 欣欣在高某的金店选购了一条项链，高某趁欣欣接电话之际，将为其进行礼品包装的项链调换成款式相同的劣等品（两条项链差价约3000元）。欣欣回家后很快发现项链被"调包"，即返回该店要求退换。高某以发票与实物不符为由拒不退换。高某的行为如何认定？

答：被害人欣欣自选购完毕后从交易观念上占有该项链，高某打破他人对财物的占有、建立新的占有，构成盗窃罪。

考点90 从死者身上取财的定性

为了取得财物杀人	抢劫罪（致人死亡）。
杀死仇人后进入死者家中取财	故意杀人罪+盗窃罪。
杀死仇人后另起犯意，取得死者财物（观点展示）	如果认为死者仍占有财物，行为人构成盗窃罪。
	如果认为死者不占有财物，行为人构成侵占罪。
杀死仇人后另起犯意，取得死者信用卡又使用（观点展示）	如果认为死者仍占有财物，行为人属于"盗窃"信用卡并使用，构成盗窃罪。
	如果认为死者不占有财物，行为人属于"捡拾"信用卡并使用，构成信用卡诈骗罪。

[例] 高某杀死钱某，处理完尸体回到小屋时，发现了钱某的LV手提包（价值5万元），包内有5000元现金、身份证和一张储蓄卡。高某将手提包及现金据为己有。高某的行为如何定性？

答：高某将钱某的手提包和5000元现金拿走，对此有两种不同的观点：

观点1：如果认为死者仍占有财物，高某打破他人对财物的占有、建立新的占有，构成盗窃罪；

观点2：如果认为死者不占有财物，高某将他人的财物变占有为所有，构成侵占罪。

命题角度分析

考生需要掌握从死者身上取财行为的定性，学会写观点展示。

考点91 保管人私自取得封缄物中内容物的问题

保管人私自取得封缄物中的内容物的问题（观点展示）	如果认为委托人占有内容物，行为人构成盗窃罪。
	如果认为受托人占有内容物，行为人构成侵占罪（如果是利用职务之便，则构成职务侵占罪）。

[例] 贵某将价值100万元的珠宝封置于价值2万元的保险箱中，委托丁公司运往1500公里外的戊市，但未将保险箱的钥匙交给丁公司。丁公司经理王某派刘某和另一名公司员工陈某携保险箱乘高铁前往戊市。在途中，刘某起意将珠宝据为己有，趁陈某不注意，微信告知自己在戊市的朋友吴某，让吴某在高铁站外等候，等自己提着保险箱出现时，就将保险箱劫走，事后二人可以瓜分珠宝。吴某表示同意。在戊市高铁站下车后，刘某故意让陈某走在前面，自己持保险箱走在陈某身后。二人刚出高铁站，吴某就按照原计划从人群中冲出，从刘某手中夺过保险箱逃跑。陈某立马去追，但跑出几步后，发现刘某反应平静，立刻参透了刘某的阴谋。此时陈某不难追上吴某，但是为了让自己也获益，就放弃了追赶，任由吴某逃走。刘某、吴某和陈某取得珠宝的行为如何定性？

答：对于刘某、吴某和陈某取得珠宝的行为，存在两种观点：

观点1：如果认为珠宝由委托人占有，刘某、吴某和陈某打破他人对珠宝的占有、建立新的占有，构成盗窃罪的共同犯罪。其中，刘某、吴某是盗窃罪的共同犯罪；陈某暗中提供帮助，属于盗窃罪的片面帮助犯。

观点2：如果认为珠宝由受托人占有，刘某利用职务之便，侵吞公司财物，属于职务侵占罪的正犯；吴某为其提供帮助，属于职务侵占罪的帮助犯；陈某暗中提供帮助，属于职务侵占罪的片面帮助犯。

📝 命题角度分析

考生需要掌握保管人私自取得封缄物中内容物的问题，学会写观点展示。

考点92 >> 转交贿款中私吞贿款的不同观点

侵吞贿款问题	如果认为贿款受刑法保护，行为人构成侵占罪。
	如果认为贿款不受刑法保护，行为人不构成侵占罪。

[例] 甲让行为人张某转交贿款给国家工作人员乙。张某转交给乙后，被乙拒绝，遂将贿款私吞。张某的行为如何定性？

答：张某为他人行贿提供帮助，构成行贿罪的帮助犯。同时，张某的行为还可能侵犯了甲的财产权利，对此有两种不同观点：

观点1：如果认为贿款受刑法保护，张某私吞贿款，还构成侵占罪；

观点2：如果认为贿款不受刑法保护，张某没有侵犯任何人的财产法益，不构成侵占罪。

⚠ 注意：如果张某一开始就没有转交的意思而假意答应，之后将贿款私吞，由于存在欺骗行为，并且使得对方基于错误认识处分财物，因此，张某构成诈骗罪。

考点 93 故意毁坏财物罪

	客　　观	主　　观
盗窃罪	打破他人占有、建立新的占有	排除意思+利用意思
故意毁坏财物	使得他人财物丧失效用	排除意思

万能金句 甲没有非法占有目的，使得他人财物丧失效用，构成故意毁坏财物罪。

[例] 2010年3月，刘某与任某为了种植沉香，擅自砍伐了国有森林中的一片林木（1200株），将砍伐的林木扔在一旁，然后种植沉香，一直没有被人发现。刘某与任某的行为如何定性？

答：刘某与任某不具有非法占有目的，二人砍伐林木，使得财物丧失效用，构成故意毁坏财物罪。二人成立共同犯罪。

考点 94 财产犯罪中的包容评价问题

主　　观	客　　观	包容评价
想侵占	盗窃	主客观相统一，认定为侵占罪。
想抢劫		主客观相统一，认定为盗窃罪，同时构成抢劫罪（未遂），与盗窃罪从一重罪处罚。

万能金句 甲主观上意图将遗失物据为己有，具有侵占的故意；客观上打破了乙对财物的占有、建立新的占有，属于盗窃行为。主客观相统一，甲构成侵占罪。

[例] 乙的镯子从楼上掉落到街上，在乙下楼拿镯子的时候，路过的甲以为是遗失物而捡走。甲的行为如何定性？

答：甲主观上意图将遗失物据为己有，具有侵占的故意；客观上打破了乙对财物的占有、建立新的占有，属于盗窃行为。主客观相统一，甲构成侵占罪。

对比：某游戏厅早上8点刚开门，甲就进入游戏厅玩耍，发现6号游戏机上有一个手机。甲以为该手机是其他顾客遗忘的财物，遂装进自己口袋，然后逃离。事后查明，该手机是游戏厅老板打扫房间时顺手放在游戏机上的。甲的行为如何定性？

答：甲主观上认为手机是他人"遗失"在游戏厅的财物而取走，由于游戏厅内"遗失"的财物转为场所的管理人占有，因此，甲具有盗窃的故意；甲在客观上打破了他人占有、建立新的占有，属于盗窃行为。主客观相统一，甲构成盗窃罪。

命题角度分析

考生需要熟练掌握财产犯罪中的包容评价问题，包括盗窃罪和侵占罪、盗窃罪和抢劫罪的包容评价问题。

专题 13 人身犯罪

	杀　　人	过失致人死亡
非法拘禁	按原则	拘禁又过失致人死亡的，如果死亡是拘禁行为本身导致，认定为非法拘禁罪的加重情节；如果死亡是拘禁行为之外导致，转化为故意杀人
绑　　架	绑架后杀人的，认定为绑架罪的加重情节	按原则
拐卖妇女、儿童	按原则	拐卖过程中过失致人死亡的，认定为拐卖妇女、儿童罪的结果加重犯
强　　奸	按原则	强奸过程中致人死亡的，认定为强奸罪的结果加重犯
猥　　亵	按原则	按原则
抢　　劫	抢劫过程中杀人的，认定为抢劫罪的结果加重犯	抢劫过程中致人死亡的，认定为抢劫罪的结果加重犯

导致重伤、死亡问题的解决思路：考点95、96

考点95 杀人、伤害与过失致人死亡的区分

确定一个行为单独来看是杀人行为、伤害行为还是过失致人死亡，主要看打击的部位和所用的工具。

[口诀] 一看部位二看枪，"教训"通常是故伤。

故意杀人的常见表述	花瓶猛击头部、掐住喉咙、捂住口鼻。
故意伤害的常见表述	约定去"教训"一下被害人。
过失致人死亡的常见表述	推搡、打对方耳光。

[万能金句] 甲打对方耳光，没有杀人或者伤害的故意，导致他人死亡的结果，构成过失致人死亡罪。

[例] 钱某与李某准备去"教训"一下罗某，二人一起进入罗某家中，钱某见床上有一人睡觉，认为是罗某，遂持硬木棒朝该人身上一顿乱击，将其打得不能动弹。李某暗想，"不如砸死算了"，遂抄起一个板凳，朝该人头上猛砸几下。事后查明，当天罗某因事出差，睡在床上的是罗某患有心脏病的妻子张某，张某因遭受殴击（尸检证明身体伤情为轻伤、头部伤情为重伤），引发心脏病当场身亡，但不能查明是何处伤情引发的心脏病。

本案中，钱某和李某的行为如何定性？

答：钱某和李某发生对象错误，不影响故意的认定，且无法查明死因也不影响二人都对死亡结果负责。其中，钱某持硬木棒朝该人身上一顿乱击，具有伤害故意，构成故意伤害罪（致人死亡）；李某用板凳猛砸该人头部，具有杀人故意，构成故意杀人罪（既遂）。

考点96 具体罪名中导致死亡问题的处理

"吃素不吃荤"型（吸收过失致人死亡，不吸收故意杀人）	强奸罪、非法拘禁罪、故意伤害罪等	这些罪可以包含过失致人死亡，但与故意杀人罪结合只能按照原则处理。例如，强奸过程中过失致人死亡的，认定为强奸罪的结果加重犯（强奸罪↑）；但强奸之后又杀人的（先奸后杀），应当数罪并罚。
"吃荤不吃素"型（吸收故意杀人，不吸收过失致人死亡）	绑架罪	绑架罪可以包含故意杀人，认定为绑架罪的加重情节（绑架罪↑），但与过失致人死亡罪结合只能按照原则处理。
"不挑食"型（吸收故意杀人和过失致人死亡）	抢劫罪	抢劫罪可以包含故意杀人和过失致人死亡。例如，抢劫过程中过失致人死亡的，认定为抢劫致人死亡（抢劫罪↑）；抢劫过程中故意杀人的，认定为抢劫致人死亡（抢劫罪↑）。
"油盐不进"型（都不吸收）	强制猥亵罪	在强制猥亵过程中杀人或者过失致人死亡的，只能按照原则处理。
"吃素变异"型（吸收过失致人死亡，转化为故意杀人）	聚众斗殴罪、非法拘禁罪	聚众斗殴、非法拘禁过程中过失致人死亡的，转化为故意杀人罪（非法拘禁罪转化为故意杀人罪要求是在拘禁行为以外使用暴力过失致人死亡）。

万能金句 甲控制他人，构成非法拘禁罪，在此过程中使用拘禁行为之外的暴力，过失导致他人死亡，转化为故意杀人罪。

[例] 甲生意上亏钱，乙欠下赌债，二人合谋干一件"靠谱"的事情以摆脱困境。甲按分工找到丙，骗丙使其相信钱某欠债不还，丙答应控制钱某的小孩以逼钱某还债，否则不放人。二人控制小孩的第二天，小孩哭闹不止要离开，丙恐被人发觉，用手捂住小孩口、鼻，然后用胶带捆绑其双手并将其嘴缠住，致其机械性窒息死亡。丙的行为如何定性？

答：丙不具有非法占有目的，构成非法拘禁罪，之后丙用手捂住被害人口、鼻，此行为具有导致他人死亡的高度危险性，因此丙构成故意杀人罪，与非法拘禁罪数罪并罚。

命题角度分析

考生需要重点掌握杀人、伤害和过失致人死亡的区别以及具体罪名中导致死亡问题的处理，这部分是和罪数理论的交叉考点。

强奸罪、强制猥亵罪与猥亵儿童罪：考点 97、98

考点 97 　强奸罪

强奸的行为方式	压制反抗、实施奸淫	包括暴力、胁迫及其他手段。	
	奸淫幼女	奸淫幼女的，从重处罚。	
强奸的罪数问题	"先奸后杀"	强奸后为了灭口杀害被害人的，构成强奸罪与故意杀人罪，数罪并罚。	按罪数的原则处理
	"先杀后奸"	杀人之后奸淫尸体的，构成故意杀人罪与侮辱尸体罪，数罪并罚。	
	"边奸边杀"	强奸过程中（尚未奸淫成功）杀人的，构成强奸罪（未遂）与故意杀人罪，从一重罪处罚；此后还有奸尸行为的，再与侮辱尸体罪并罚。	
	强奸过程中过失致人死亡	属于强奸致人死亡，构成强奸罪。	

[例] 滕某与王某系公媳关系。2016 年 8 月某日，滕某、董某晚饭后乘凉时，滕某告诉董某，儿媳王某同他人有不正当两性关系，而自己多次想与她发生性关系均遭拒绝，但是"只要是外人，她都肯发生性关系"，并唆使董某与王某发生性关系。董某遂答应去试试看。滕某又讲自己到时去"捉奸"，迫使王某同意与自己发生性关系。当晚 9 时许，董某在王某房间内与其发生性关系后，滕某随即持充电灯至现场"捉奸"，以发现王某与他人有奸情将王某拖回娘家相威胁，并采用殴打等手段，欲强行对王某实施奸淫。因生理原因，滕某的强奸行为未能得逞。滕某和董某的行为如何认定？

答：滕某、董某共同实施强奸行为，成立强奸罪的共同犯罪。滕某实施奸淫行为，但在实行阶段因为客观原因未能得逞，属于强奸罪未遂；董某为滕某的奸淫行为提供了帮助，属于强奸罪的帮助犯，且属于犯罪未遂。

考点 98 　强制猥亵罪、猥亵儿童罪

强制侵犯他人性羞耻心	构成强制猥亵罪。
侵犯儿童性羞耻心（不需要采用强制手段）	构成猥亵儿童罪。
男性与幼女发生性关系（无论幼女是否同意）	构成强奸罪（不认定为猥亵儿童罪）。

万能金句 甲强制侵犯他人性羞耻心，构成强制猥亵罪。

[例] 甲（男）与乙（男）于2004年7月28日共谋入室抢劫某中学暑假留守女教师丙的财物。7月30日晚，乙在该中学校园外望风，甲翻墙进入校园内。甲看到丙，对丙说："你让我看看你脱光衣服的样子我就走。"丙不同意，甲又以刀相威胁，逼迫丙脱光衣服，丙一边顺手将已摘下的手表放在桌子上，一边流着泪脱完衣服。甲不顾丙的反抗强行摸了丙的乳房后对丙说："好吧，你可以穿上衣服了。"就甲强行摸丙的乳房的事实，甲和乙的行为如何定性？

答：甲强制侵犯他人性羞耻心，构成强制猥亵罪。乙为甲的抢劫提供帮助，但甲的强制猥亵行为超出了乙的犯罪故意，属于实行过限，乙对强制猥亵罪不负责。

非法拘禁罪、绑架罪与拐卖妇女、儿童罪：考点99~103

考点99 非法拘禁罪、绑架罪与抢劫罪的区别

非法拘禁罪中，行为人不具有非法占有目的	如为了索要债务（包括赌债）控制他人，构成非法拘禁罪。	
非法拘禁+非法占有目的（向第三人索要）=绑架	绑架罪以控制人质的时间为既遂时间，且在控制人质时向第三人索要财物，之后财物来源发生变化的，还是绑架罪。如果控制人质时向被控制人索要财物，则是抢劫罪，之后财物来源发生变化的，还是抢劫罪。	虽然是向第三人索要财物，但被控制人和被勒索人靠得很近的，也认定为抢劫罪。例如，在奶奶面前控制孙子向奶奶要钱、在银行柜员面前控制客户向柜员要钱的，都构成抢劫罪。
非法拘禁+非法占有目的（向被控制人索要）=抢劫		

万能金句 甲具有非法占有目的，控制人质并向第三人索要财物，构成绑架罪。

[例1] 甲持刀将乙逼入山中，让乙通知其母送钱赎人。乙担心其母心脏病发作，遂谎称自己开车撞人，需付5万元治疗费，其母信以为真。甲的行为如何定性？

答：甲控制乙，并向第三人索要财物，构成绑架罪，由于已经控制人质，属于犯罪既遂。

[例2] 甲使用暴力将乙扣押在某废弃的建筑物内，强行从乙身上搜出3000元现金和一张只有少量金额的银行卡，甲逼迫乙向该银行卡中打入人民币10万元。乙便给其妻子打电话，谎称自己开车撞伤他人，让其立即向自己的银行卡中打入10万元用于救治伤员和赔偿。乙妻信以为真，便向乙的银行卡中打入10万元，被甲取走，甲在得款后将乙释放。甲的行为如何定性？

答：甲控制乙，并向乙本人索要财物，构成抢劫罪。

命题角度分析
考生需要学会区分非法拘禁罪、绑架罪、抢劫罪。

考点 100 　　非法拘禁罪的特殊情节

1. 具有殴打、侮辱情节的	从重处罚	非法拘禁+殴打/侮辱=从重处罚
2. 拘禁行为本身过失致人死亡的	加重处罚（结果加重犯）	非法拘禁+过失致人死亡（拘禁本身导致）=非法拘禁罪↑
3. 在拘禁行为之外使用暴力过失致人死亡的	转化为故意杀人罪	非法拘禁+过失致人死亡（拘禁行为之外）=故意杀人罪
4. 在拘禁行为之外使用暴力过失致人重伤的	转化为故意伤害罪	非法拘禁+过失致人重伤（拘禁行为之外）=故意伤害罪
5. 非法拘禁又故意杀人的	按照原则数罪并罚	非法拘禁+故意杀人=数罪并罚

注意 1：非法拘禁中"使用暴力致人死亡转化为故意杀人"不包括故意杀人的情况，因为非法拘禁之后故意杀人的，应当数罪并罚。

注意 2：非法拘禁中"使用暴力致人死亡转化为故意杀人"能否包括故意伤害致人死亡的情况，存在争议。如果认为"使用暴力致人死亡"包括故意伤害致人死亡的情况，非法拘禁又故意伤害致人死亡的，只认定为故意杀人罪；如果认为"使用暴力致人死亡"不包括故意伤害致人死亡的情况，非法拘禁又故意伤害致人死亡的，认定为非法拘禁罪与故意伤害罪（致人死亡），数罪并罚。

万能金句 甲控制他人，构成非法拘禁罪，且拘禁行为本身导致他人死亡，属于非法拘禁致人死亡。

[例] 甲为了索取债务，和乙一起非法拘禁丙。丙表示不还钱，甲和乙一起商量并砍掉丙的大拇指（重伤）。有观点认为，甲和乙仅构成故意伤害罪，你是赞成还是反对？请分别说明理由。

分析思路：对"非法拘禁+故意伤害致人死亡"的行为应如何处理？对此显然有两种观点：①类比"非法拘禁+过失致人死亡（拘禁行为之外）=故意杀人罪"，转化为故意伤害罪；②按照原则数罪并罚。(观点展示)

答：

观点 1：我反对这样的观点。因为甲先后实施了两个行为：先控制他人，构成非法拘禁罪；之后损害他人身体健康，导致他人重伤结果，构成故意伤害罪。应当以非法拘禁罪和故意伤害罪数罪并罚。这种情况不宜认定为"使用暴力致人重伤"的转化情节，因为没有理由将原本应当数罪并罚的情形拟制为更轻的故意伤害罪一罪。

观点 2：我赞同这样的观点。因为根据刑法的规定，非法拘禁使用暴力致人重伤的，转化为故意伤害罪。因此，行为人先控制他人，后来使用暴力导致他人重伤，应当认定为故意伤害罪（致人重伤）一罪。

考点 101 非法拘禁罪与绑架罪的共犯问题

二人中一人有非法占有目的，一人没有非法占有目的，共同控制他人，向第三人索要财物的，二人在非法拘禁罪的范围内成立共同犯罪，有非法占有目的者成立绑架罪，没有非法占有目的者成立非法拘禁罪。

[例] 陈某见熟人赵某做生意赚了不少钱便产生歹意，勾结高某，谎称赵某欠自己10万元货款未还，请高某协助索要，并承诺要回款项后给高某1万元作为酬谢。高某同意。某日，陈某和高某以谈生意为名把赵某诱骗到稻香楼宾馆某房间，共同将赵某扣押后向其家人索要财物，并由高某对赵某进行看管。陈某和高某的行为如何定性？

答：陈某和高某在非法拘禁罪的范围内成立共同犯罪。其中，陈某有非法占有目的，构成绑架罪；高某没有非法占有目的，构成非法拘禁罪。

命题角度分析

考生需要熟练掌握非法拘禁罪和绑架罪的共同犯罪问题，两罪可以包容评价，这里可以和共同犯罪理论结合考查。

考点 102 绑架罪的特殊情节

情形1	甲在绑架乙之后撕票，将乙杀死	甲属于"绑架并杀害被绑架人"，加重处罚。
情形2	甲在绑架乙之后伤害乙，导致乙重伤、死亡	甲属于"绑架并伤害被绑架人，致人重伤、死亡"，加重处罚。
情形3	甲在绑架乙、将其拖向地下室准备控制的时候不慎导致其死亡	甲同时构成绑架罪和过失致人死亡罪，由于绑架罪没有结果加重犯，因此只能从一重罪处罚。
情形4	甲在绑架乙之后，将其砍成轻伤	由于绑架罪只能包含故意伤害致人重伤以上的情况，因此，对甲只能按照原则处理，认定为绑架罪和故意伤害罪（致人轻伤），数罪并罚。
情形5	甲在绑架乙之后想要杀死乙，但只将乙砍成重伤	由于绑架罪可以包含故意伤害致人重伤，根据当然解释，绑架罪更可以包含故意杀人致人重伤，因此行为人构成绑架罪，加重处罚。
情形6	甲在绑架乙之后想要杀死乙，但只将乙砍成轻伤（观点展示）	对此有两种观点： 观点1：甲构成绑架罪，属于"绑架并杀害被绑架人"，加重处罚，同时适用未遂的规定； 观点2：甲不属于"绑架并杀害被绑架人"，而是构成绑架罪的基本犯，同时构成故意杀人罪（未遂），数罪并罚。

> **注意**：绑架"越重越能吃",因此,遇到比故意伤害致人重伤更重（包括致人重伤）的,就认定为绑架罪,加重处罚;达不到故意伤害致人重伤的程度的,就按原则数罪并罚。由于"故意杀人致人轻伤"在行为上比"故意伤害"重、在结果上比"重伤"轻,因此存在观点展示。

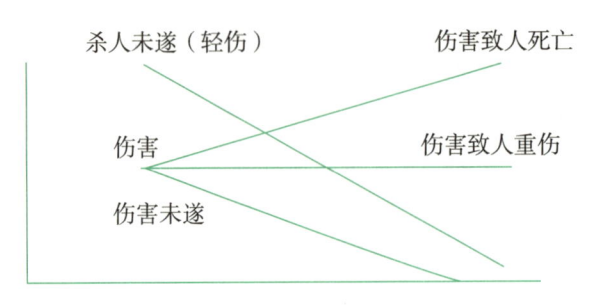

```
杀人未遂（轻伤）        伤害致人死亡

     伤害              伤害致人重伤

     伤害未遂
```

命题角度分析

考生需要熟练掌握绑架罪的特殊情节,尤其需要掌握绑架之后杀人或者伤害但是没有既遂的情况如何处理。

考点 103 拐卖妇女、儿童罪与收买被拐卖的妇女、儿童罪

一般情况下,控制他人即为拐卖妇女、儿童罪的既遂。

拐卖妇女、儿童,造成被拐卖的妇女、儿童或者其亲属重伤、死亡的,认定为拐卖妇女、儿童罪,加重处罚。 **注意1**：包括故意伤害,但不包括故意杀人。 **注意2**：拐卖妇女、儿童致人重伤、死亡的对象包括被拐卖的妇女、儿童的亲属。	拐卖妇女、儿童+过失致人死亡=拐卖妇女、儿童罪↑ 拐卖妇女、儿童+过失致人重伤/故意伤害致人重伤=拐卖妇女、儿童罪↑	拟制规定
拐卖妇女又奸淫被拐卖的妇女的,认定为拐卖妇女罪,加重处罚。	拐卖妇女+强奸=拐卖妇女罪↑	
拐卖妇女又强迫被拐卖的妇女卖淫的,认定为拐卖妇女罪,加重处罚。	拐卖妇女+强迫卖淫=拐卖妇女罪↑	
收买被拐卖的妇女、儿童又出卖的,只定拐卖妇女、儿童罪。	收买被拐卖的妇女、儿童+拐卖妇女、儿童=拐卖妇女、儿童罪	
收买被拐卖的妇女、儿童又实施强奸、伤害等行为的,数罪并罚。	收买被拐卖的妇女、儿童+强奸/伤害等其他犯罪=数罪并罚	原则

万能金句 甲出卖妇女,构成拐卖妇女罪;乙以出卖以外的目的收买被拐卖的妇女,构成收买被拐卖的妇女罪。

[例] 赵某拖欠张某和郭某 6000 多元的打工报酬一直不付。张某与郭某商定后,将

赵某 15 岁的女儿甲骗到外地扣留，以迫使赵某支付报酬。在此期间（共 21 天），张某、郭某多次打电话让赵某支付报酬，但赵某仍以种种理由拒不支付。张某、郭某遂决定将甲卖给他人。在张某外出寻找买主期间，郭某奸淫了甲。张某找到了买主陈某后，张某、郭某二人以 6000 元的价格将甲卖给了陈某。陈某欲与甲结为夫妇，遭到甲的拒绝。陈某为防止甲逃走，便将甲反锁在房间里一个多月。后来陈某觉得甲年纪小、太可怜，便放甲返回家乡。分析张某、郭某、陈某的刑事责任。

答：

（1）张某和郭某剥夺甲的人身自由之后将其出卖，构成非法拘禁罪和拐卖妇女罪，数罪并罚。

（2）张某和郭某共同拐卖甲，成立拐卖妇女罪的共同犯罪。郭某在拐卖甲的过程中强奸被拐卖的甲，属于拐卖妇女罪的加重情节。郭某的强奸行为超出了张某的故意，张某只构成拐卖妇女罪的基本犯。

（3）陈某收买被拐卖的妇女之后将其非法拘禁，构成收买被拐卖的妇女罪和非法拘禁罪，数罪并罚。

专题 14　贪污贿赂犯罪

受贿罪及其相关罪名：考点 104~111

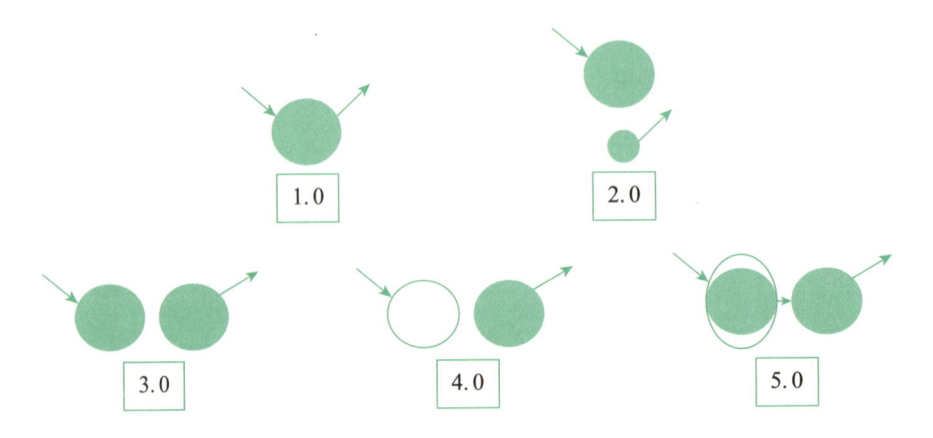

```
      1.0              2.0

  3.0          4.0          5.0
```

> **注意**：上图中，蓝色圈代表具有国家工作人员身份，白色圈代表不具有国家工作人员身份，套圈代表有无国家工作人员身份无所谓。

	行为方式	定　　性		
受贿 1.0	权钱交易集于一身	（普通）受贿罪		
受贿 2.0	国家工作人员收受他人财物，利用支配关系要求直系下属替他人办事	（普通）受贿罪		
受贿 3.0	国家工作人员收受他人财物，通过其他不知情的国家工作人员办事	收钱的人构成斡旋受贿（受贿罪）	办事的人一般无罪（可能构成渎职犯罪）	送钱的人构成行贿罪
受贿 4.0	非国家工作人员收受他人财物，通过其他不知情的国家工作人员办事	收钱的人构成利用影响力受贿罪	办事的人一般无罪（可能构成渎职犯罪）	送钱的人构成对有影响力的人行贿罪
受贿 5.0	转交财物给国家工作人员，或者在国家工作人员知情的情况下收受财物	转交者成立双帮助（受贿罪的帮助犯与行贿罪的帮助犯）	国家工作人员构成受贿罪	送钱的人构成行贿罪

考点 104　国家工作人员身份

国家机关中从事公务的人员	
国有公司、企业、事业单位、人民团体中从事公务的人员	**注意**：国有控股公司的员工，一般不属于国家工作人员；但国有公司的领导，一般属于国家工作人员
国家机关、国有公司、企业、事业单位委派到非国有公司、企业、事业单位、社会团体从事公务的人员	"委派"型
根据立法解释的规定，村民委员会等村基层组织人员协助政府从事行政管理工作时，属于国家工作人员	"协助"型
受国家机关、国有公司、企业、事业单位、人民团体委托管理、经营国有财产的人员（《刑法》第382条第2款）	"委托"型	这是贪污罪特有的主体，不是受贿罪的主体

[例] 甲是某公立高校普通任课教师，在学校委派其招生时，其利用职务便利收受考生家长10万元。甲的行为如何定性？

答：甲受委派招生，作为国家工作人员收受他人财物，构成受贿罪。

考点 105　让下级办事的受贿罪（普通受贿）

案情：国家工作人员甲收受乙的财物，让直系下属丙行使权力。

甲	甲作为国家工作人员，收受他人财物，让直系下属行使职权，构成受贿罪。
乙	乙给予国家工作人员财物，构成行贿罪。
丙	丙单纯行使职权，一般不构成犯罪；如果符合特定条件，可能构成相应渎职罪。

万能金句 甲作为国家工作人员，收受他人财物，通过直系下属行使职权，为他人谋取利益，构成受贿罪。

[例] 甲受某国有事业单位委派，担任某农村信用合作社主任。某日，乙找甲，说要贷款200万元做生意，但无任何可抵押财产，也无担保人，不符合信贷条件。乙表示若能贷出款来，就会给甲10万元作为辛苦费。于是甲嘱咐该合作社主管信贷的职员丙"一定办好此事"。丙无奈，明知乙不符合条件仍然放贷。乙当即给甲10万元，其余190万元用于挥霍，经合作社多次催收，乙拒绝归还。甲和丙的行为如何定性？

答：甲作为国家工作人员，收受他人10万元财物，让直系下属行使职权，构成受贿罪；同时，甲违反法律规定将贷款发放给不符合条件的人，构成违法发放贷款罪，与受贿罪数罪并罚。丙在明知乙不符合贷款条件的情况下发放贷款，构成违法发放贷款罪。

079

> 📝 **命题角度分析**
> 考生需要掌握让下级办事（自己收钱）模型中各参与人的定性。

考点 106 >> 斡旋受贿

案情：国家工作人员甲收受乙的财物，通过国家工作人员丙行使权力，为乙办事。	
甲	甲作为国家工作人员，收受他人财物，通过其他国家工作人员（一般是平级）行使职权，为他人谋取利益，属于斡旋受贿，构成受贿罪。
乙	乙给予国家工作人员财物，构成行贿罪。
丙	丙单纯行使职权，一般不构成犯罪；如果符合特定条件，可能构成相应渎职罪。

⓪ **注意 1**：斡旋受贿成立的前提是，实际办事的国家工作人员丙不知道赂的存在，即甲"就事论事"（"通过"他人办事）；如果实际办事的国家工作人员丙知道贿赂的存在，则甲不能认定为斡旋受贿，而是按照"双帮助"处理。

⓪ **注意 2**："就事论事"的常见表述包括"说说情"、甲和丙之间有非常亲密的关系（如父子）（因为这种关系无需过多交代）等。

万能金句 甲作为国家工作人员，收受他人财物，通过其他国家工作人员行使职权，为他人谋取利益，属于斡旋受贿，构成受贿罪。

[例] 洪某为了让自己得到轻判，便找到甲市环保局副局长白某，请白某向公安局领导说情，并给白某5万元现金。白某向公安局副局长李某说情时，李某假装答应大事化小，同时从白某处打听到洪某的藏身之处。随后，李某带领公安人员抓获了洪某。洪某、白某、李某的行为如何定性？

答：白某收受他人财物，意图通过其他国家工作人员的职务行为为请托人洪某谋取不正当利益，构成斡旋受贿型的受贿罪；洪某给予国家工作人员财物，构成行贿罪；李某没有收受贿赂的故意，不构成受贿罪。

> 📝 **命题角度分析**
> 考生需要掌握斡旋受贿模型中各参与人的定性。

考点 107 >> 利用影响力受贿罪

案情：非国家工作人员甲收受乙的财物，通过身为国家工作人员的丈夫丙行使权力，为乙办事。	
甲	甲作为非国家工作人员，收受他人财物，通过国家工作人员行使职权，为他人谋取利益，构成利用影响力受贿罪。

续表

| 乙 | 乙给予非国家工作人员财物，构成对有影响力的人行贿罪。 |
| 丙 | 丙单纯行使职权，一般不构成犯罪；如果符合特定条件，可能构成相应渎职罪。 |

注意1：利用影响力受贿罪成立的前提是，实际办事的国家工作人员丙不知道贿赂的存在，即甲"就事论事"（"通过"他人办事）；如果实际办事的国家工作人员丙知道贿赂的存在，则甲不能认定为利用影响力受贿罪，而是按照"双帮助"处理。

注意2："就事论事"的常见表述包括"说说情"、甲和丙之间有非常亲密的关系（如父子）（因为这种关系无需过多交代）等。

万能金句 甲作为非国家工作人员，收受他人财物，通过国家工作人员行使职权，为他人谋取利益，构成利用影响力受贿罪。

[例] 乙的孙子丙因涉嫌抢劫罪被刑拘。乙托甲设法使丙脱罪，并承诺事成后付其10万元。甲与公安局副局长丁早年认识，但多年未见面。甲托丁对丙作无罪处理，丁不同意，甲便以揭发丁的隐私要挟，丁被迫按甲的要求处理案件。后甲收到乙的10万元现金。甲、乙、丁的行为如何定性？

答：甲收受他人财物，通过国家工作人员行使职权，为他人谋取利益，构成利用影响力受贿罪；同时，甲教唆司法工作人员违背事实和法律对丙作无罪处理，属于徇私枉法罪的教唆犯，与利用影响力受贿罪数罪并罚；甲要挟丁，但未取得财产性利益，不构成敲诈勒索罪。乙给予非国家工作人员财物，构成对有影响力的人行贿罪；乙教唆司法工作人员违背事实和法律对丙作无罪处理，属于徇私枉法罪的教唆犯，与对有影响力的人行贿罪数罪并罚。丁作为司法工作人员，在刑事案件中违背事实和法律对丙作无罪处理，构成徇私枉法罪。

命题角度分析

考生需要掌握利用影响力受贿模型中各参与人的定性。

考点108 转交贿款的模型

案情：甲帮助乙将财物转交给国家工作人员丙。

甲	甲为乙行贿提供帮助，构成行贿罪的帮助犯；甲为丙受贿提供帮助，构成受贿罪的帮助犯，与前罪从一重罪处罚。
乙	乙给予国家工作人员财物，构成行贿罪。
丙	丙收受他人财物，为他人谋取利益，构成受贿罪；如果丙又构成徇私枉法罪，与受贿罪从一重罪处罚；如果丙又构成其他渎职罪，一般与受贿罪并罚。

注意1：转交贿款模型和利用影响力受贿（以及斡旋受贿）模型的区别在于，转交贿款模型中，丙知道贿赂的存在，并在主观上接受贿赂。

⬛ 注意2：丙知道贿赂的存在，体现在"转交""告知真相"等表述。

万能金句 甲为乙给予国家工作人员财物提供帮助，构成行贿罪的帮助犯；甲为丙收受他人财物提供帮助，构成受贿罪的帮助犯，与前罪从一重罪处罚。

[例1] 甲、乙被起诉后，甲父丙为使甲获得轻判，四处托人，得知丁的表兄刘某是法院刑庭庭长，遂托丁将15万元转交刘某。丁给刘某送该15万元时，遭到刘某坚决拒绝。丁的行为如何定性？

分析思路：由于是"转交"关系，丁原本应当适用"双帮助"模型，但由于刘某没有收受财物，不存在受贿罪，丁也就不可能是"受贿罪的帮助犯"。因此，丁构成"单帮助"，即行贿罪的帮助犯。

答：丁没有自己收受他人财物的意思，也没有通过国家工作人员为他人谋取利益，不构成利用影响力受贿罪。丁为丙给予国家工作人员财物的行为提供帮助，属于行贿罪的帮助犯。

[例2] 丙给甲（国家工作人员乙的妻子）5万元，让其向乙"说说情"，把事情办了。甲找到丈夫乙，跟乙说明了自己收钱的真相，乙把事情办了。甲、乙、丙的行为如何定性？

答：本案中，丙主观上意图让甲通过乙行使权力为自己谋取利益，因此，丙构成对有影响力的人行贿罪。但事实上，甲和乙说了真相，因此，二人构成受贿罪的共同犯罪。

📝 **命题角度分析**

考生需要掌握转交赠款模型中各参与人的定性。

考点109 受贿罪中的正当利益问题

"正当利益"的含义	正当利益即应得的利益，如"拆迁款""工程款""补偿款"均属于正当利益。
"正当利益"涉及的罪名	行贿罪、对有影响力的人行贿罪、斡旋受贿犯罪、利用影响力受贿罪均需要谋取不正当利益才能成立。
	只有普通的受贿罪不需要谋取不正当利益，谋取正当利益也可以构成普通的受贿罪。
解题思路	遇到涉及"拆迁款""工程款""补偿款"的问题，先看行为的性质，再看相应的行为如果涉及"正当利益"是否构成犯罪。

万能金句 甲作为非国家工作人员，收受他人财物，通过国家工作人员行使职权，为他人谋取利益，属于利用影响力受贿的行为，但甲谋取的是正当利益，不构成利用影响力受贿罪。

[例] 2011年，徐某为某公立学校承建工程，工程按质按量完工后，学校一直拖欠工程款（3000余万元）。徐某听说吴某（某国有独资基建公司总经理）与该校校长张某很熟，便送给吴某10万元，请吴某帮忙。吴某让张某帮忙解决，张某于是将工程款付给徐某。

问题：

（1）徐某请求吴某帮忙解决学校的工程款一案，徐某和吴某的行为应当如何定性？为什么？

（2）如果该公立学校属于该国有独资基建公司的企办学校，徐某和吴某的行为又当如何定性？为什么？

答：

（1）吴某作为国家工作人员，收受财物，通过其他国家工作人员为他人谋取利益，属于斡旋受贿行为，但其没有谋取不正当利益，不构成斡旋受贿型的受贿罪；徐某给予国家工作人员财物，属于行贿行为，但其没有谋取不正当利益，不构成行贿罪。

（2）如果该公立学校属于该国有独资基建公司的企办学校，吴某对张某具有上级隶属关系，吴某收受他人财物，通过直系下属为他人谋取利益，构成受贿罪；徐某给予国家工作人员财物，属于行贿行为，但其没有谋取不正当利益，不构成行贿罪。

命题角度分析

考生需要理解正当利益的含义，掌握正当利益对各罪名能否成立的影响。

考点110 受贿罪和行贿罪的其他问题

索 贿	主动索取贿赂的，从重处罚。	
"贿赂"的特别形式	以交易的形式收受贿赂	表现为以明显低于市场的价格向请托人购买房屋、汽车等物品或者以明显高于市场的价格向请托人出售房屋、汽车等物品。
	收受干股。	
	以开办公司等合作投资名义收受贿赂。	
	以委托请托人投资证券、期货等名义收受贿赂。	
	以赌博形式收受贿赂。	
	特定关系人"挂名"领取薪酬。	
	违禁品不影响"贿赂"的认定。	
	"性贿赂"不是贿赂，但可以折价的除外。	
罪数问题	受贿之后实施其他犯罪行为，一般数罪并罚，但受贿之后徇私枉法的，根据刑法的规定，应当从一重罪处罚。	
既遂标准	国家工作人员收受财物即为受贿罪的既遂，无论是否办事、事情是否办成；国家工作人员收受他人借记卡、购物卡，尚未使用就被抓获的，也是受贿罪既遂。	
行贿罪的从重情节（新增）	①多次行贿或者向多人行贿的；②国家工作人员行贿的；③在国家重点工程、重大项目中行贿的；④为谋取职务、职级晋升、调整行贿的；⑤对监察、行政执法、司法工作人员行贿的；⑥在生态环境、财政金融、安全生产、食品药品、防灾救灾、社会保障、教育、医疗等领域行贿，实施违法犯罪活动的；⑦将违法所得用于行贿的。	

万能金句 甲作为国家工作人员，主动索取他人财物，构成受贿罪，属于"索贿"的情形，从重处罚。

[例] 2010年3月，刘某与任某为了种植沉香，擅自砍伐了国有森林中的一片林木（1200株），将砍伐的林木扔在一旁，然后种植沉香，一直没有被人发现。2016年2月，森林公安局的侦查人员王某发现林木被砍伐，但因其与刘某是中学同学，碍于情面便未作处理，导致刘某与任某继续种植沉香。（事实一）

2017年3月，王某购买一套房屋后，让刘某负责装修，并将50万元的装修费转交给刘某，同时对装修提出了花100万元才能完成的要求。刘某请甲装修公司装修完工后，装修公司应收取120万元的费用，但刘某只给了装修公司100万元。装修公司负责人钟某执意要求刘某再付20万元，刘某对钟某说："房主是在黑社会混的，你再要20万元，小心他捣毁你的装修公司。"钟某听后就没有再要求刘某支付20万元。后来，刘某对王某说："装修总共花了120万元。"王某说："太贵了，我再出10万元吧。"刘某收下了该10万元。（事实二）

问：王某的行为如何认定？

答：王某作为司法工作人员，对有罪的人故意包庇使其不受追诉，构成徇私枉法罪；王某接受刘某代付的部分装修款的行为，构成受贿罪，数额为客观差价40万元，与徇私枉法罪从一重罪处罚。

考点 111 非国家工作人员受贿罪

受贿		
非国家工作人员受贿	利用职务之便	"公共事务管理便利"。
		"技术性便利"：医疗机构中的非国家工作人员，在药品、医疗器械、医用卫生材料等医药产品采购活动中，利用职务上的便利，索取销售方财物或者非法收受销售方财物，为销售方谋取利益。
		学校及其他教育机构中的非国家工作人员或者教师，在教材、教具、校服或者其他物品的采购等活动中，利用职务上的便利，索取销售方财物或者非法收受销售方财物，为销售方谋取利益。

万能金句 甲利用技术性便利，收受他人财物，为他人谋取不正当利益，构成非国家工作人员受贿罪。

[例] 张某为某国有医院医生，多次利用开高价处方药，收受医药代表赵某（在逃）回扣（实查金额为100万元）。后张某升任医院院长，更是长期接受赵某财物（实查金额为200万元）。张某的行为如何定性？

答：张某利用技术性便利，收受他人财物，为他人谋取利益，构成非国家工作人员受贿罪；张某担任院长期间，利用公共事务管理之便，收受他人财物，为他人谋取利益，构成受贿罪。

贪污罪、职务侵占罪与挪用公款罪：考点112、113

考点112 贪污罪与职务侵占罪

贪污罪	国家工作人员	国家机关中从事公务的人员	利用职务之便	侵吞	公共财物
		国有公司、企业、事业单位、人民团体中从事公务的人员			
		国家机关、国有公司、企业、事业单位委派到非国有公司、企业、事业单位、社会团体从事公务的人员		骗取	
		根据立法解释的规定，村民委员会等村基层组织人员协助政府从事行政管理工作时，属于国家工作人员		窃取	
		受国家机关、国有公司、企业、事业单位、人民团体委托管理、经营国有财产的人员（贪污罪独有）			
职务侵占罪	公司、企业或者其他单位的人员		利用职务之便	侵吞	单位财物

注意1：没有国家工作人员身份的人也可构成贪污罪的帮助犯或者教唆犯。

注意2："利用职务之便"是指"对财物有管控的权力和义务"，只要拿走自己负责管控的财物，无论采用何种手段，都构成贪污罪或者职务侵占罪，而非盗窃罪。

注意3："管控"需要具有管理性的职务，不包括纯粹的体力劳动，例如，搬运工不对财物具有管控的权力，而运输司机、仓库管理员对财物具有管控的权力。

注意4："多人管控"的场合，一人取走财物也构成贪污罪或者职务侵占罪。

万能金句 甲作为国家工作人员，利用职务之便侵吞公共财物，构成贪污罪。

[例1] 某公司的保安甲在休假期内，以"第二天晚上要去医院看望病人"为由，欺骗保安乙，成功和乙换岗。当晚，甲将其看管的公司仓库内价值5万元的财物运走变卖。甲的行为如何定性？

答：甲作为该公司的工作人员，利用职务之便窃取公司财物，构成职务侵占罪。

[例2] 甲是某国有公司出纳，系国家工作人员，意图非法占有本人保管的公共财物，但不使用自己手中的钥匙和其所知道的密码，而是叫乙砸碎保险箱，取走现金3万元，乙分得5000元。之后，甲伪造作案现场，声称失窃。甲、乙的行为如何认定？

答：由于甲对财物有管控权，其利用职务之便侵吞自己管控的财物，构成贪污罪。乙帮助甲实施贪污行为，属于贪污罪的帮助犯。

考点 113 　挪用公款罪

挪用公款罪无需具有非法占有目的，贪污罪需有非法占有目的（不想还）。

挪用公款罪的构成	用于非法活动	不需要数额	不需要时间
	用于营利活动	数额较大	不需要时间
	用于其他活动	数额较大	超过3个月不归还
挪用公款用途变化的处理	"自己变，按客观"	例如，一开始挪用公款准备用于结婚，最后用于赌博，按照客观的实际用途，即非法活动认定。
	"别人变，按主观"	例如，甲以结婚为由请求乙挪用公款给自己用，实际用于赌博，对乙按照其主观上以为的"其他活动"认定用途。

万能金句 甲作为国家工作人员，将公款挪为己用，用于非法活动，构成挪用公款罪。

[例] 甲是某国有公司出纳，系国家工作人员。乙唆使甲挪用20万元给其用于结婚，甲同意。实际上，乙将该20万元用于炒股，并且在1个月后将20万元返给甲填补空缺。甲和乙的行为如何定性？乙能否构成挪用公款罪的间接正犯？

答：甲主观上以为乙是用于结婚而为其挪用公款，并在3个月以内归还，不构成挪用公款罪。乙以营利为目的教唆甲挪用公款，数额较大，属于挪用公款罪的教唆犯。乙不具有国家工作人员的身份，因此不属于挪用公款罪的间接正犯。

专题 15　其他分则罪名

"赃物犯罪"：考点114、115

考点 114 　"赃物犯罪"的成立

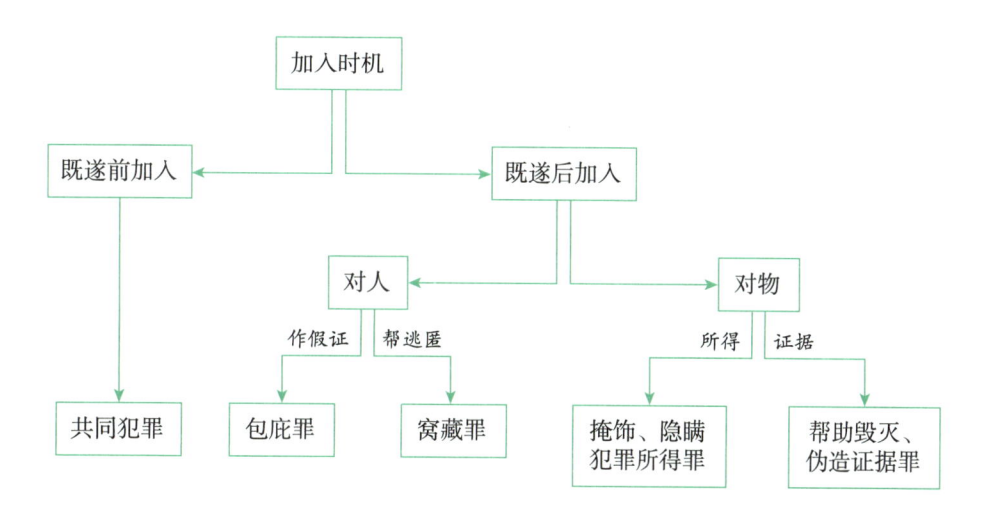

```
                        加入时机
                      ／        ＼
              既遂前加入          既遂后加入
                              ／          ＼
                           对人             对物
                         ／    ＼         ／    ＼
                      作假证  帮逃匿    所得    证据
                       ↓      ↓        ↓       ↓
              共同犯罪  包庇罪  窝藏罪  掩饰、隐瞒  帮助毁灭、
                                      犯罪所得罪  伪造证据罪
```

万能金句 甲在乙盗窃之后帮助其逃匿以逃避法律追究，构成窝藏罪。

[例] 某小区五楼刘某家的抽油烟机发生故障，王某与李某上门检测后，决定拆下搬回维修站修理。刘某同意。王某与李某搬运抽油烟机至四楼时，王某发现抽油烟机中藏有一包金饰，遂暗自将之塞入衣兜。王某与李某将抽油烟机搬走后，刘某想起自己此前曾将金饰藏于其中，追赶上前，见王某神情可疑，便要其返还金饰。王某为洗清嫌疑，趁乱将金饰转交给李某，李某心领神会，接过金饰藏于裤兜中。刘某确定王某身上没有金饰后，转身再找李某索要。李某突然一拳击倒刘某，致其倒地重伤。李某的行为如何定性？

答：李某在王某盗窃既遂后加入，构成掩饰、隐瞒犯罪所得罪，因此不能转化为抢劫罪。之后李某故意伤害他人身体，构成故意伤害罪（致人重伤），与掩饰、隐瞒犯罪所得罪数罪并罚。

命题角度分析

考生需要掌握窝藏罪，包庇罪，掩饰、隐瞒犯罪所得罪，帮助毁灭、伪造证据罪的适用情形，及其和共同犯罪的区别在何处，本犯能否构成以上四个犯罪。

考点 115 "赃物犯罪"的内部区分和特性

"赃物犯罪"的构成要件	包庇罪	为犯罪的人向司法机关作假证。
	窝藏罪	通过藏匿等方式使犯罪的人逃避法律追究（作假证除外）。
	掩饰、隐瞒犯罪所得罪	将犯罪所得掩饰、隐瞒。
	帮助毁灭、伪造证据罪	帮助他人毁灭、伪造证据。
"赃物犯罪"的特性	本犯实施犯罪后，亲自隐藏证据的，因缺乏期待可能性，不再另行认定为"赃物犯罪"。	
	本犯实施犯罪后，教唆他人为自己隐藏证据的，因缺乏期待可能性，不再另行认定为"赃物犯罪"的教唆犯。	

[例] 甲将私家车借给无驾照的乙使用，乙交通肇事之后，为逃避刑事责任，找到有驾照的丁，让丁去公安机关"自首"，谎称案发当晚是丁驾车。丁照办。公安机关找甲取证时，甲想到若说是乙造成的事故，自己作为被保险人就无法从保险公司获得车损赔偿，便谎称当晚将车借给了丁。甲、乙、丁的行为如何定性？

答：甲、丁明知乙是犯罪的人而作假证包庇，构成包庇罪，同时构成伪证罪，从一重罪处罚。乙教唆他人作假证包庇自己，缺乏期待可能性，不属于包庇罪或伪证罪的教唆犯。

危险驾驶罪与交通肇事罪：考点 116~118

考点 116 危险驾驶罪

客观	前提：在道路上驾驶机动车	道路	本罪所称"道路"，是指公路、城市道路和虽在单位内部但允许社会机动车通行的地方。
		机动车	不包括非机动车。
	方式	追逐竞驶，情节恶劣。 ❶注意："追逐竞驶"需要有"参照物"，一个人超速不构成危险驾驶罪。	
		醉酒驾驶。	
		从事校车业务或者客运，严重超载或者严重超速。	
		违规运输危险化学品，危及公共安全。	
主观	故意，可以构成共同犯罪。			

抽象危险犯，只要有行为就既遂。

❶ **注意**：危害程度上，以危险方法危害公共安全罪>交通肇事罪>危险驾驶罪。

以危险方法危害公共安全罪危及不特定人，是"死一片"；交通肇事罪是结果犯，是"死一个或几个"；危险驾驶罪是抽象危险犯，是"没死呢"。因此，在考试中，涉及危险驾驶罪和交通肇事罪的区分，如果行为人对死亡结果负责，就是交通肇事罪，否则就是危险驾驶罪。

考点 117 交通肇事罪的构成和加重情节

基本情节	违反交通运输管理法规，造成严重后果	"严重后果"	负事故全部或者主要责任，死亡1人或者重伤3人以上（死）。
			负事故全部或者主要责任，致1人重伤，并有酒后、逃逸、严重超载、无证驾驶等情节（伤+X）。
加重情节1	交通肇事后逃逸或者有其他恶劣情节	"逃逸"是指"不救助"。	
加重情节2	逃逸致人死亡	死亡结果由逃逸造成，本质上是交通肇事之后实施不作为的故意杀人行为。	
		构成"交通肇事逃逸致人死亡"不要求前行为已经构成交通肇事罪，只要求先前有肇事行为即可。	

万能金句 甲违反交通运输管理法规，造成1人重伤，且具有"酒后驾驶"情节，构成交通肇事罪。

[例1] 甲于某晚9时许驾驶货车在县城主干道超车时，逆行进入对向车道，撞上乙驾驶的小轿车，乙被卡在车内无法动弹，乙车内的黄某当场死亡、胡某受重伤。后查明，乙无驾驶资格，事发时略有超速，且未采取有效制动措施。甲驾车逃逸。急救人员5分钟后赶到现场，胡某因伤势过重被送到医院后死亡。甲的行为如何定性？

答：甲违反交通运输管理法规，造成黄某死亡，构成交通肇事罪。由于胡某的死亡结果并非甲的逃逸行为导致，因此甲不属于"交通肇事逃逸致人死亡"，仅属于"交通肇事后逃逸"。

[例2] 2014年7月2日晚21时许，古某驾驶小轿车碰撞到行走的被害人徐某，致其身体局部受伤倒地。古某驾车离开现场。22时许，张某开车行至该路段，碰撞到躺在快车道上的徐某，造成徐某当场死亡。经交警大队事故责任认定，该事故第一次碰撞中，古某负事故全部责任，徐某无责任；第二次碰撞中，古某与张某负事故同等责任，徐某无责任。针对徐某的死亡，古某的肇事行为应当如何处理？如果古某的辩护律师主张第一次碰撞未造成徐某重伤以上结果，这会影响案件的认定吗？

答：古某违反交通运输管理法规，造成重大事故，且其逃逸行为导致被害人死亡，属于交通肇事逃逸致人死亡，加重处罚。由于成立"交通肇事逃逸致人死亡"不要求前行为构成交通肇事罪，因此辩护律师的主张不会影响案件的认定。

考点118 >> 拟制的交通肇事罪

交通肇事罪的共同犯罪	交通肇事后，单位主管人员、机动车辆所有人、承包人或者乘车人指使肇事人逃逸，致使被害人因得不到救助而死亡的，以交通肇事罪的共犯论处。	主 体	单位主管人员、机动车辆所有人、承包人或者乘车人。
		"指使"	需要实施教唆行为，不包括欺骗行为。
单独拟制为交通肇事罪	单位主管人员、机动车辆所有人或者机动车辆承包人指使、强令他人违章驾驶造成重大交通事故的，单独以交通肇事罪定罪处罚，不认定为交通肇事罪的共犯（"事前瞎指挥"）。		

注意：交通肇事罪的共同犯罪是司法解释作出的拟制性规定，交通肇事是过失犯罪，除了该司法解释的规定以外，交通肇事罪原则上没有共犯。

万能金句 甲交通肇事后，乙作为乘车人指使甲逃逸，导致被害人丙死亡，甲和乙成立交通肇事罪的共同犯罪，属于"交通肇事逃逸致人死亡"。

[例1]（2014年单选题）乙（15周岁）在乡村公路驾驶机动车时过失将吴某撞成重伤。乙正要下车救人，坐在车上的甲（乙父）说："别下车！前面来了许多村民，下车会有麻烦。"乙便驾车逃走，吴某因流血过多而亡。甲和乙的行为如何定性？

答：乙违反交通运输管理法规，将吴某撞成重伤后，逃逸致其死亡，在客观上属于"交通肇事逃逸致人死亡"，但由于没有达到刑事责任年龄，不负刑事责任。甲作为乘车人指使肇事人乙逃逸，导致吴某死亡，在违法层面成立交通肇事罪的共犯，且属于"交通肇事逃逸致人死亡"，加重处罚。

[例2]（2016年主观题）乙夜间酒后驾车与其叔丙出行，途中遇刘某过马路，不慎将其撞成重伤，车辆亦受损。丙下车查看情况，对乙谎称自己留下打电话叫救护车，让乙赶紧将车开走。乙离去后，丙将刘某藏匿在草丛中离开。刘某因错过抢救时机身亡。乙和丙的行为如何定性？

答：乙违反交通运输管理法规，导致刘某重伤，且有"酒后驾驶"情节，构成交通肇事罪。丙欺骗乙离开，不属于"指使肇事人逃逸"的情形，不构成交通肇事罪的共犯。丙非法剥夺他人生命，单独构成故意杀人罪。丙的杀人行为属于异常介入因素，切断了刘某的死亡结果与乙的逃逸行为之间的因果关系。因此，乙不对刘某的死亡结果负责，仅属于"交通肇事后逃逸"。

其他罪名：考点 119～122

考点 119 妨害公务罪与袭警罪

	手段	对象	后果
妨害公务罪	以暴力、威胁方法	阻碍国家机关工作人员、人民代表大会代表、（自然灾害或突发事件中的）红十字会工作人员依法履行职责	
		故意阻碍国家安全机关、公安机关依法执行国家安全工作任务	造成严重后果
袭警罪	以暴力方法	袭击正在依法执行职务的人民警察	
构成以上两罪又构成故意伤害罪的，从一重罪处罚

万能金句 甲对正在执行公务的警察使用暴力，构成袭警罪。

[例] 2018年8月，洪某向林业主管部门举报了有人在国有森林中种植沉香的事实。林业主管部门工作人员赵某与郑某上山检查时，刘某与任某为了抗拒抓捕，对赵某与郑某实施暴力，赵某与郑某反击，形成互殴状态。赵某被打成轻伤，该轻伤由刘某、任某造成，但不能查明是刘某的行为所致，还是任某的行为所致。刘某和任某的行为如何定性？

答：刘某和任某以暴力方法妨害国家机关工作人员执行公务，构成妨害公务罪，与故意伤害罪从一重罪处罚。由于二人成立共同犯罪，因此即使无法查清赵某的伤情由谁所致，二人也均应对赵某的轻伤结果负责。

考点 120 信用卡诈骗罪

抢劫信用卡并使用的	构成抢劫罪	
盗窃信用卡并使用的	构成盗窃罪	盗卡、捡卡本身并不构成盗窃罪、侵占罪，因为盗窃、捡拾有密码的卡不等于取得卡内的财物，单纯盗卡、捡拾的行为相当于取得了卡的工本费价值，一般达不到财产犯罪的数额。
捡拾信用卡并使用的	构成信用卡诈骗罪	
其他冒用信用卡的行为	构成信用卡诈骗罪	

万能金句 甲捡拾他人信用卡并冒用，构成信用卡诈骗罪。

[例] 甲、乙、丙共谋犯罪。某日，三人拦截了丁，对丁实施暴力，然后强行抢走丁的钱包，但钱包内只有少量现金，并有一张银行借记卡。于是甲将丁的借记卡抢走，乙、丙逼迫丁说出密码。丁说出密码后，三人带着丁去附近的自动取款机上取钱。取钱时发现密码不对，三人又对丁进行殴打，丁为避免遭受更严重的伤害，说出了正确的密码，三人

取出现金5000元。甲、乙、丙的行为如何定性？

答：甲、乙、丙压制丁的反抗，取得丁的现金，构成抢劫罪；三人抢劫被害人丁的信用卡并使用，也构成抢劫罪，数额累计计算。

考点 121 信用卡诈骗的共犯问题

盗窃信用卡，隐瞒盗窃的事实教唆他人冒用的，既属于"盗窃信用卡并使用"，构成盗窃罪，又构成信用卡诈骗罪的教唆犯。使用者构成信用卡诈骗罪。

注意：按照约定俗成的处理，以上两个答案都对，但无需从一重罪处罚，考试的时候回答哪一个都可以。

被教唆者以为是捡拾的信用卡而使用的，按照主观心态认定为信用卡诈骗罪。

[例] 高某盗窃信用卡后找到前女友尹某，高某说："我这里有一张储蓄卡和身份证，身份证上的钱某很像你，你拿着卡和身份证到银行柜台取钱后，钱全部归你。"尹某虽然不知道全部真相，但能猜到卡可能是高某犯罪所得，于是冒充钱某从银行柜台取出了该储蓄卡中的2万元。高某和尹某的行为如何定性？

答：

观点1：尹某冒用他人信用卡取款2万元，构成信用卡诈骗罪；高某将钱某的储蓄卡与身份证交给尹某，引起尹某信用卡诈骗的犯意，属于信用卡诈骗罪的教唆犯。

观点2：尹某冒用他人信用卡取款2万元，构成信用卡诈骗罪；高某盗窃信用卡并使用，构成盗窃罪。

考点 122 骗取贷款罪与贷款诈骗罪

放贷者 （最终决定者） 可能构成	贪污罪	如果放贷者自己也"截胡"了一部分贷款，则构成贪污罪。	贷款诈骗罪与骗取贷款罪的对象是"银行或者其他金融机构"，包括符合资质的小额贷款公司；构成贷款诈骗罪与骗取贷款罪都需要造成金融机构损失。
	违法发放 贷款罪	如果放贷者自己没有"截胡"贷款，则构成违法发放贷款罪。	
申请者 可能构成	贷款 诈骗罪	如果申请者有挥霍等行为，则表明其有非法占有目的，构成贷款诈骗罪。	
	骗取 贷款罪	如果申请者没有非法占有目的，只是在资格、担保等问题上存在欺骗行为，并且放贷者受骗，则申请者构成骗取贷款罪。	
	无 罪	如果放贷者没有被骗，则申请者不构成贷款诈骗罪，也不构成骗取贷款罪。	

万能金句 甲具有非法占有目的，骗取银行贷款后潜逃，构成贷款诈骗罪。

[例1]（2016年单选题）甲急需20万元从事养殖，向农村信用社贷款时被信用社主任乙告知，1个身份证只能贷款5万元，再借几个身份证可多贷。甲用自己的名义贷款5万元，另借用4个身份证贷款20万元，但由于经营不善，不能归还本息。甲和乙的行为如何定性？

答：乙非法将贷款发放给不符合条件的人，构成违法发放贷款罪；由于决定者乙没有受到欺骗，甲不构成贷款诈骗罪，也不构成骗取贷款罪。

[例2]（2008-任）甲受某国有事业单位委派，担任某农村信用合作社主任。某日，乙找甲，说要贷款200万元做生意，但无任何可抵押财产，也无担保人，不符合信贷条件。乙表示若能贷出款来，就会给甲10万元作为辛苦费。于是甲嘱咐该合作社主管信贷的职员丙"一定办好此事"。丙无奈，明知乙不符合条件仍然放贷。乙当即给甲10万元，其余190万元贷款用于挥霍，经合作社多次催收，乙拒绝归还。甲和乙的行为如何定性？

答：甲作为国家工作人员，收受他人10万元财物，通过直系下属行使职权，构成受贿罪；同时，甲违反法律规定将贷款发放给不符合条件的人，构成违法发放贷款罪，与受贿罪数罪并罚。乙给予国家工作人员财物，构成行贿罪；同时，乙在贷款的用途上欺骗甲并将贷款挥霍，具有非法占有目的，构成贷款诈骗罪，与行贿罪数罪并罚。

命题角度分析

考生需要掌握骗取贷款罪和贷款诈骗罪的构成要件和区别。

第二部分 综合案例

案例 1 "偷手机醉驾"案

案情： 甲在超市里将一台苹果手机盒子里面的泡沫掏空，放入另一台苹果手机，到营业员处结账。营业员不知道里面有两台手机，遂让甲结账离开。（事实一）

之后甲告知朋友乙真相，请求乙帮助其销赃。乙知道甲是通过不正当手段得来的手机，仍将其卖给孙某。孙某见价格便宜，但不知道是赃物，于是购买。（事实二）

1个月后，乙醉酒驾车将他人撞倒在地（至少造成重伤），并逃离事故现场，后被害人死亡。经查，乙负事故全部责任。但尸检结果判断不出被害人的死亡时间，可能在肇事之后马上死亡，也可能在数小时后死亡。（事实三）

公安机关根据车祸事故现场的监控将乙抓获，乙对交通肇事的事实供认不讳，并交代了事实一中甲的犯罪行为和事实二中自己帮助甲销赃的行为。（事实四）

问题：（26分）

1. 事实一中，甲的行为如何定性？请写出两种不同观点。
2. 事实二中，甲和乙的行为如何定性？请写出两种不同观点。
3. 事实三中，乙的行为如何定性？
4. 事实四中，乙具有哪些量刑情节？

答案

1. 甲将另一台手机藏在盒子中带走，对该行为的定性存在两种观点：（6分）

观点1：如果认为处分意思只需要认识到标的，则本案的营业员对财物的标的有所认识，具有处分意思，甲构成诈骗罪；

观点2：如果认为处分意思需要认识到标的和数量，则由于本案的营业员对财物的数量缺乏认识，不具有处分意思，甲构成盗窃罪。

2. 甲教唆乙帮助其销赃的行为由于缺乏期待可能性，不构成掩饰、隐瞒犯罪所得罪。（2分）

乙帮助甲销赃，构成掩饰、隐瞒犯罪所得罪。至于乙对孙某是否构成诈骗罪，存在不同观点：（6分）

观点1：如果孙某能善意取得手机，乙对孙某没有造成损失，对孙某不构成诈骗罪；

观点2：如果孙某不能善意取得手机，乙对孙某造成了损失，对孙某构成诈骗罪。

3. 如果乙当场导致被害人死亡，乙属于"交通肇事逃逸"；如果被害人的死亡系乙的逃逸行为导致，则乙属于"交通肇事逃逸致人死亡"。根据"存疑有利于被告"的原则，乙属于"交通肇事逃逸"。（6分）

4. 乙因为交通肇事被抓获，交代了交通肇事的案件事实，属于坦白，从宽处罚；此外，乙还供述了事实一中甲的犯罪行为，属于立功，从宽处罚；另外，乙还交代了事实二中自己其他的犯罪行为，属于特别自首，从宽处罚。（6分）

案例 2 "车祸"案

案情： 甲酒后驾驶机动车，不慎将杨某（6岁）撞倒在地，杨某至少受重伤（也可能已经死亡）。甲因害怕被现场群众殴打，逃往公安机关说明真相。（事实一）

带杨某出来玩的保姆林某心想，反正也不是我撞的，于是趁围观人群骚乱离开现场。在旁边围观的法官李某也一直袖手旁观，没有救助杨某。此时，乙因为与女友分手，产生了报复社会的想法，遂加速驾驶小轿车从桥上直冲而下，朝人员密集的地方冲撞，导致3人受伤，且再次碾压杨某。杨某死亡，但无法查明是甲撞击导致，还是乙碾压导致。事后查明，乙有多次吸毒的历史，并曾长时间接受治疗。当日，乙吸食了毒品，陷入了精神障碍的状态，并实施了驾车冲撞的行为。（事实二）

甲投案之后，如实交代了自己的犯罪事实。公安机关准备先将甲拘留，甲担心坐牢，于是又趁乱逃出了公安局。甲没有生活来源，为了谋生，在火车站趁人群拥挤窃取了他人的钱包和警察证。之后甲多次冒充警察，以介绍孙某进公安局工作为由骗取他人财物共计1万元。除此之外，甲还冒充警察身份，多次与陈某发生性关系。（事实三）

后来，甲得到一批假币，于是在市场上用假币买包，被店主发现。甲为了摆脱店主的抓捕，用刀将店主刺成重伤，才得以逃离现场。回家后，甲将此事告诉了女友。次日，甲在女友的陪同下到当地公安局自首，并且交代了所有的犯罪事实。（事实四）

问题： 综合全案，试分析甲、乙、林某、李某的刑事责任。（24分）

答案

1. 事实一中，甲酒后驾车，导致一人重伤以上结果，构成交通肇事罪。甲自动投案，没有逃避法律追究，不属于"交通肇事逃逸"，且属于自首，从宽处罚。（2分）

2. 事实二中，林某对杨某有救助义务，其不救助杨某导致杨某死亡的行为构成不作为的故意杀人罪（遗弃罪）。李某对杨某没有救助义务，不构成犯罪。虽然乙当时处于精神障碍的状态，但由于其曾经多次吸毒陷入该状态，因此不影响故意的成立。乙驾车冲撞，危及不特定人的法益，构成以危险方法危害公共安全罪。（4分）

另外，关于杨某的死亡结果，如果是甲撞击导致，乙不对杨某的死亡结果负责；如果是乙碾压导致，则由于乙的犯罪行为是异常介入因素，甲不对杨某的死亡结果负责。根据"存疑有利于被告"的原则，甲和乙均不对杨某的死亡结果负责。（4分）

3. 事实三中，甲在火车站盗窃他人钱包和警察证，属于"扒窃"，不需要达到一定数额即构成盗窃罪。之后，甲冒充警察对孙某行骗，构成招摇撞骗罪，同时其虚构事实骗取他人财物，构成诈骗罪，从一重罪处罚。此外，甲冒充警察身份与陈某发生性关系，构成招摇撞骗罪。（4分）

4. 事实四中，甲使用假币之后为了抗拒抓捕使用暴力，对此行为的定性存在两种观点：

观点1：如果认为使用假币是特殊的诈骗行为，甲在实施诈骗行为之后为了抗拒抓捕使用暴力，转化为抢劫罪，且属于"抢劫致人重伤"，加重处罚；

观点2：如果认为只有盗窃罪、诈骗罪、抢夺罪三个具体罪名才能转化为抢劫罪，则甲的行为不能转化为抢劫罪，只能认定为使用假币罪与故意伤害罪（致人重伤），数罪并罚。（6分）

此外，甲投案后逃跑，之后又投案的，成立自首；在他人的陪同下投案，也不影响自首的认定。因此，甲对自己构成的各罪成立自首，从宽处罚。（4分）

案例 3 "情妇背刺"案

案情：甲在朋友乙不知情的情况下，用乙手机上的支付宝申请了一笔蚂蚁金服的2万元贷款，然后欺骗乙："我的朋友向我还钱，我让他打到你的支付宝账户，你收到后转给我。"2天后，乙的支付宝账户收到2万元，乙随即转给了甲。（事实一）

乙发现事情不对，将甲的儿子黄某控制住，并带到自己情妇丙住处的地下室关押起来，向甲索要自己的2万元。恰逢此时丙回家，乙就跟丙说明了情况，丙遂和乙一起关押黄某。某日，丙出门购物，乙和黄某发生争执，乙用花瓶猛击黄某头部，导致黄某死亡。丙回家后发现黄某死亡，慌乱之下到公安局报警，交代了所有犯罪事实。丙带公安机关工作人员去乙的住处抓捕乙，但因为记错了地址没有抓到乙。（事实二）

乙逃亡在外，走投无路之下想偷枪支实施抢劫。乙在乘坐火车时看到军人周某将包裹放在行李架上，猜测其中有枪支，也可能有其他东西。乙为了取得枪支，趁周某睡着将包裹拿走。回家之后，乙发现包裹内果然有一把枪支，并且有一部手机（价值5000元）。乙留下枪支，由于无法解锁手机，将手机丢弃。（事实三）

后乙拐卖妇女刘某。在拐卖途中，刘某拼命挣扎，乙将其打成重伤；刘某的父亲也因为女儿失踪而自杀身亡。（事实四）

问题：综合全案，试分析甲、乙的刑事责任。如果有观点展示，请写出。（26分）

答案

1. 事实一中，甲通过虚构事实的方式使得被害人陷入认识错误而处分财物，构成诈骗罪，数额为2万元。（4分）

2. 事实二中，乙为了索债控制黄某，构成非法拘禁罪；乙在非法拘禁之后非法剥夺他人生命，构成故意杀人罪，与非法拘禁罪数罪并罚。（4分）

丙在乙拘禁被害人的不法状态继续期间加入，属于承继共犯，构成非法拘禁罪。乙的杀人行为超出了丙的故意，丙不构成故意杀人罪，但黄某的死亡结果没有超出丙的预见可能性，丙构成非法拘禁致人死亡。（4分）

丙自动投案、如实供述自己非法拘禁的事实，对非法拘禁罪成立自首。丙带领公安机关工作人员抓捕乙，但因为记错了地址未果，并没有起到实质作用，不属于立功。（2分）

3. 事实三中，乙有盗窃枪支的概括故意，且客观上具有盗窃枪支的行为，构成盗窃枪支罪。至于乙取得周某包裹中的手机，乙在主观上持放任的态度，是间接故意，对手机构成盗窃罪，且属于"扒窃"。之后乙将手机毁损的行为属于事后不可罚，不再单独认定为故意毁坏财物罪。（4分）

4. 事实四中，乙拐卖妇女并实施故意伤害行为，属于"拐卖妇女致人重伤"，加重处罚。（2分）

至于乙是否需要对刘某父亲的死亡结果负责，存在不同观点：

观点1：如果认为被拐卖者的亲属自杀属于正常介入因素，乙间接导致刘某父亲死亡，认定为"拐卖妇女致人死亡"；

观点2：如果认为被拐卖者的亲属自杀属于异常介入因素，乙不对刘某父亲的死亡结果负责，不能认定为"拐卖妇女致人死亡"。（6分）

案例 4 "偷油"案

案情： 甲、乙在负责给孙某运送大量变压器时，发现变压器中有很多冷却油，便想把这些冷却油抽出来卖掉，但由于二人没有电动油泵，遂找到有电动油泵的丙。甲、乙二人欺骗丙说，这是自己的变压器，请求丙把电动油泵借给二人，丙知道甲、乙在说谎，但没有拆穿二人，而是将电动油泵借给二人，二人将冷却油抽了出来，并重新将变压器的螺丝等拧好。作为答谢，甲、乙给了丙500元。（事实一）

半小时后，甲、乙将变压器运送给孙某，孙某发现变压器被人动过手脚，于是大声呵斥二人，并称要报警。甲用花瓶猛击孙某头部，导致孙某死亡。乙在旁边观看，没有作声。之后，甲、乙将现场清理干净，将孙某的衣物、证件烧毁，藏尸地窖。（事实二）

后甲欲以6000元的价格将冷却油卖给刘某，刘某见冷却油的来路不明，心生怀疑，于是跟甲说："这油的来路不明，我出1000元跟你买，否则报警！"甲无奈同意，以1000元的价格将冷却油卖给刘某。（事实三）

第二天，乙不放心，于是返回孙某家中，在搜寻过程中，乙发现了孙某的银行卡，又得知了密码，乙于是冒用孙某的身份在商场消费3万元。另外，乙在孙某家中发现了孙某的警察证件，乙冒用警察的身份骗王某与自己同居了1年。（事实四）

问题： 综合全案，试分析甲、乙、丙和刘某的刑事责任。（16分）

答案

1. 事实一中，甲、乙将封缄物中的内容物据为己有，对此有两种不同观点：

观点1：如果认为冷却油由孙某占有，甲、乙打破他人占有、建立新的占有，构成盗窃罪；

观点2：如果认为冷却油由甲、乙占有，二人变占有为所有，构成侵占罪。

此外，丙在知道甲、乙实施盗窃（侵占）行为的情况下暗中为二人提供帮助，属于盗窃罪（侵占罪）的片面帮助犯。（6分）

2. 事实二中，甲为了抗拒抓捕使用暴力，能否转化为抢劫罪，对此有不同的观点：

观点1：如果认为甲的行为是盗窃，则其为了抗拒抓捕使用暴力，转化为抢劫罪，且属于"抢劫致人死亡"，加重处罚；

观点2：如果认为甲的行为是侵占，则无法转化为抢劫罪，甲构成侵占罪和故意杀人罪，数罪并罚。

乙实施盗窃（侵占）的行为没有升高被害人孙某死亡的风险，因此，乙对甲的抢劫（杀人）行为没有制止义务，乙不构成不作为的抢劫罪（故意杀人罪）。

对于清理现场、毁灭证据的行为，甲缺乏期待可能性，不再构成帮助毁灭、伪造证据罪；乙为甲的抢劫（杀人）行为毁灭、伪造证据，单独构成帮助毁灭、伪造证据罪。（6分）

3. 事实三中，刘某明知冷却油是犯罪所得而购买，构成掩饰、隐瞒犯罪所得罪；此外，刘某以恶害相通告，威胁甲放弃5000元的债权，构成敲诈勒索罪。（2分）

4. 事实四中，乙窃取孙某户内的信用卡，属于盗窃行为，其盗窃信用卡并使用，构成盗窃罪。另外，乙冒充国家机关工作人员行骗，构成招摇撞骗罪。（2分）

案例 5 "大乱斗"案

案情： 赵某调戏了甲的女儿乙，甲遂带着乙和自己的两个儿子丙、丁去找赵某算账。甲对乙、丙、丁说："一定要狠狠教训一下那个臭小子。"乙说："教训一下就行，可千万别把人打死了。"丙、丁表示同意。到了赵某的院落后，乙、丙、丁径直走进了赵某的房间，但甲并未进屋，一直在院内望风。丙、丁进屋后，二话不说就用随身携带的木棍和钢管暴打赵某头部，乙看自己的两个哥哥下手太狠，就在一旁说："不要再打了，会出人命的。"但丙、丁根本不听，很快就将赵某打成重伤，乙无法阻止。（事实一）

此时，赵某的妻子龙某从后门回家（没有遇到甲），恰好碰到乙、丙、丁三人。丙、丁将龙某拖到卧室准备杀人灭口，乙一开始反对二人杀龙某，但在丙、丁的劝说下答应为二人望风。丙、丁在卧室内和龙某扭打在一起，龙某用板凳投掷丙，却不慎砸偏，将在门口望风的乙砸成重伤；丙用钢管袭击龙某，却不慎将丁捅成重伤，龙某趁机逃离现场。龙某跑到公安局报警，遂案发。（事实二）

丙害怕出大事，于是将赵某送往医院，不料在途中被超速行驶的卡车（另案处理）撞击，赵某当场死亡。（事实三）

问题： 综合全案，试分析甲、乙、丙、丁和龙某的刑事责任。（22分）

答案

1. 事实一中，甲、乙、丙、丁在故意伤害罪的范围内成立共同犯罪。其中，丙、丁用木棍和钢管暴打赵某头部，具有杀人故意，是正犯；乙具有伤害故意，是帮助犯。甲以伤害的故意教唆并帮助他人，属于故意伤害罪的教唆犯。(6分)

2. 事实二中，乙、丙、丁意图非法剥夺龙某的生命，但在实行阶段因为客观原因未能得逞，对龙某构成故意杀人罪（未遂）。

关于"龙某针对丙、丁的不法侵害进行反击，却导致乙重伤"这一事实，存在两种不同的观点：

观点1：龙某针对他人的不法侵害进行反击，造成他人重伤的结果，成立正当防卫；

观点2：龙某针对丙、丁的不法侵害进行反击，却出现了打击错误，但从结果上看乙也是不法侵害人，因此龙某成立偶然防卫。(6分)

关于"丙袭击龙某，却不慎导致丁重伤"这一事实，丙成立偶然防卫，对此存在两种不同的观点：

观点1：根据"防卫意思不要说"，丙造成了制止不法侵害的结果，成立正当防卫，对丁的重伤结果不负责；

观点2：根据"防卫意思必要说"，丙缺乏防卫意思，过失导致他人重伤，构成过失致人重伤罪。(6分)

3. 事实三中，赵某的死亡结果系超速行驶的卡车这一异常介入因素导致，因此甲、乙、丙、丁均不对赵某的死亡结果负责。其中，丙自动放弃犯罪，构成故意杀人罪（中止）；丁因为客观原因未能得逞，构成故意杀人罪（未遂）；甲和乙只构成故意伤害罪（致人重伤）。(4分)

案例 6 "各怀鬼胎"案

案情： 甲处于假释考验期间，一天下午，甲给好友乙发短信："吴某真讨厌，我们去搞一下她。"乙回复："没问题。"实际上，甲所说的"搞"的意思是抢劫并强奸，而乙理解的是抢劫。为了保证计划顺利实施，二人找到丙，称二人要去吴某家盗窃，丙遂为二人配了吴某家的钥匙。当天晚上，丙后悔，向甲、乙索要钥匙。甲、乙谎称钥匙已经丢失，丙只得作罢。（事实一）

第二天晚上，甲和乙持枪进入吴某家后院，二人看见吴某家的看门狗（价值60元），甲朝乙大喊："杀死那条狗。"乙立刻开枪射杀看门狗，但没有瞄准，将在院中玩耍的林某（吴某朋友之子）打死。（事实二）

之后，甲、乙二人用丙给的钥匙打开吴某家的房门，甲将吴某拉到浴室，吴某大叫，甲就对乙大喊："快去拿枪！"乙将枪递到甲手上，吴某看到枪之后不敢再反抗。甲一边强奸吴某，一边教唆乙去翻吴某的包。乙照做，从吴某的包中翻出了一部手机和6000元现金。乙看到甲强奸吴某，也没有制止。（事实三）

甲强奸吴某之后，以为吴某已经死亡（此时吴某没有死亡），为了毁灭罪证，二人用打火机点燃一些纤维编织袋扔在吴某所盖的被子上，导致吴某颅脑损伤后吸入一氧化碳窒息死亡、3间房屋被烧毁。（事实四）

问题： 综合全案，试分析甲、乙、丙的刑事责任。（26分）

答案

1. 事实一中,甲有强奸和抢劫的故意,乙有抢劫的故意,丙以盗窃的故意为甲、乙二人配了吴某家的钥匙,三人在盗窃罪的范围内成立共同犯罪,丙属于盗窃罪的帮助犯。丙没有切断物理帮助,因此不成立共犯脱离,不成立犯罪中止,而是构成盗窃罪既遂(帮助犯)。(6分)

甲在假释考验期限内又实施犯罪,不成立累犯。(2分)

2. 事实二中,甲教唆乙毁坏财物,但没有达到法定数额,不构成犯罪。乙发生打击错误,导致他人死亡,构成过失致人死亡罪。甲对于他人的死亡结果缺乏预见可能性,不构成过失致人死亡罪。(4分)

3. 事实三中,甲、乙二人成立抢劫罪的共同犯罪,且属于"持枪抢劫""入户抢劫",加重处罚。甲、乙二人共同压制吴某的反抗,升高了吴某的人身风险,乙具有阻止甲强奸的义务,但乙没有阻止甲的强奸行为,故成立不作为的强奸罪的帮助犯。因此,甲、乙成立抢劫罪的共同犯罪、强奸罪的共同犯罪,数罪并罚。(6分)

4. 事实四中,甲、乙放火危及公共安全,构成放火罪。二人以为吴某已经死亡而放火,导致吴某死亡,属于事前故意,对于吴某的死亡结果如何归属,存在三种不同的观点:

观点1:如果将吴某的死亡结果归属于甲、乙的抢劫行为,则二人构成抢劫罪(致人死亡)、强奸罪、放火罪,数罪并罚;

观点2:如果将吴某的死亡结果归属于甲、乙的强奸行为,则二人构成抢劫罪、强奸罪(致人死亡)、放火罪,数罪并罚;

观点3:如果将吴某的死亡结果归属于甲、乙的放火行为,则二人构成抢劫罪、强奸罪、放火罪(致人死亡),数罪并罚。(8分)

案例 7 "项链"案

案情： 乙和女友甲在商场选购珠宝，甲趁店员张某不注意，将一条项链塞入口袋。张某看到之后，要报警抓甲。甲在慌乱中将口袋中的项链给乙看，乙立刻明白确实是女友拿了项链。于是乙突然举起板凳砸向张某，并大喊让甲逃跑，甲趁机离开现场，张某被砸成重伤。（事实一）

之后，乙和甲闹掰，乙想把甲的项链拿走，遂趁甲不在时进入甲的宿舍。甲的室友王某正好在，王某知道乙和甲之前是男女朋友关系，但不知道二人闹掰的事情。乙对王某说："甲让我来拿项链。"王某没有在意，继续做自己的事情。乙趁机将项链拿走。乙出门后，王某发现乙落下了手机，于是追上乙准备归还手机，乙以为王某觉察到自己不该拿走项链，要帮甲追回，为了逃跑对王某使用暴力，导致其重伤。（事实二）

某日，乙的好友丙来到乙家，看见乙放在客厅的项链，就故意说："这项链是铜制的，根本不值几个钱，送给我算啦！"乙当时正在厕所刷马桶，顺口说了一句："哦。"但乙根本没听清丙的这句话。丙径直把项链装进了自己的口袋后离开。（事实三）

丙戴着项链去坐公交车。在下车时，丁突然一把夺过项链逃窜。丙和热心路人洪某一起追逐丁，丁走投无路之下捡起路边摊的西瓜刀威胁丙和洪某，称："你们再过来，看我扎不扎你们。"丙和洪某不为所动，继续追丁。追赶途中，洪某被路边超速的车辆撞死。（事实四）

问题： 综合全案，试分析甲、乙、丙、丁的刑事责任。（22分）

答案

1. 事实一中，甲盗窃商场里的财物，构成盗窃罪，由于将小件物品塞入口袋意味着已经取得财物，成立盗窃罪既遂。乙在甲盗窃既遂之后掩护甲逃跑，构成窝藏罪，同时构成故意伤害罪（致人重伤），从一重罪处罚。乙不属于盗窃罪的帮助犯，因此其行为不转化为抢劫罪。（6分）

2. 事实二中，甲宿舍内的项链由甲占有，乙打破甲对项链的占有、建立新的占有，触犯盗窃罪。王某没有处分甲财物的权限，乙不属于三角诈骗。乙在盗窃之后误以为王某对自己实施抓捕而使用暴力，对此有两种观点：

观点1：如果认为转化抢劫不要求存在真实的抓捕，则乙转化为抢劫罪；

观点2：如果认为转化抢劫要求存在真实的抓捕，则乙仅构成故意伤害罪，与盗窃罪数罪并罚。（6分）

3. 事实三中，丙主观上意图欺骗乙以取得财物，具有诈骗的故意；客观上在对方不知情的情况下打破对方占有、建立新的占有，是盗窃的行为。根据"主客观相统一"原则，丙的行为应被评价为轻罪——诈骗罪。（4分）

4. 事实四中，丁对丙的财物使用暴力，对丙的人身有一定的危险性，触犯抢夺罪，之后为了抗拒抓捕以暴力相威胁，转化为抢劫罪，由于没有危及公共交通工具内不特定人的法益，不属于"在公共交通工具上抢劫"。（4分）

洪某被撞死属于异常介入因素，丁不对洪某的死亡结果负责，不属于"抢劫致人死亡"。（2分）

案例 8 "暗中望风"案

案情：甲意图抢劫赵某，此事被赵某的仇人乙得知，乙为了帮助甲，就一直在后面跟踪甲。一日，甲拦路抢劫赵某，并用铁棒将赵某打晕，在他身上搜出 5000 元现金。乙全程在暗处帮助甲望风，并且成功阻止了路人经过现场，但甲对此并不知情。（事实一）

待甲走后，乙为了报仇用铁棒猛击赵某的头部，且为了不让警方发现赵某的个人信息，乙将赵某的身份证和手机拿走准备扔掉。但在半路，乙改变主意，将手机（价值 8000 元）据为己有。此后，乙用赵某的手机拨打电话，造成电信公司资费损失，数额为 5000 元。另外，乙用赵某的身份证办理了一张信用卡，并且透支 5 万元。赵某死亡，但无法查明是甲还是乙击打其头部导致的。（事实二）

后乙被抓获，乙的妻子丙找到了主审法官高某的大学同学黄某（律师），给黄某送了 60 万元，求黄某跟高某说说情，让乙获得轻判，黄某答应下来。之后，黄某花 50 万元买了一个赝品（黄某不知道是赝品，以为是真品），然后将赝品和相关证书（标价 50 万元）以自己的名义送给了高某。高某也误认为是价值 50 万元的真品而收下。后经鉴定，该赝品的价值为 2 万元。（事实三）

最终，高某迫于上级压力没有徇私枉法，按照事实和法律对乙作了判决。丙得知后发邮件给黄某，要求黄某返还 60 万元，否则揭发其收钱的事实，黄某只能听从。（事实四）

问题：综合全案，试分析甲、乙、丙、黄某、高某的刑事责任。（28 分）

答案

1. 事实一中，甲压制赵某反抗后取得财物，构成抢劫罪，数额为5000元。根据"存疑有利于被告"的原则，甲不对赵某的死亡结果负责，不属于"抢劫致人死亡"。乙暗中为甲提供了物理帮助，属于抢劫罪的片面帮助犯。（4分）

2. 事实二中，乙在抢劫既遂后非法剥夺赵某的生命，构成故意杀人罪，与抢劫罪数罪并罚。由于乙既为甲的抢劫望风，又实施了杀人行为，因此无论赵某何时死亡，乙均对赵某的死亡结果负责。由于甲对乙的杀人行为不知情，甲不构成故意杀人罪。（4分）

乙意图毁坏赵某的手机，但在实行阶段自动放弃犯罪，构成故意毁坏财物罪（中止），之后又将财物变占有为所有，构成侵占罪，数额均为8000元。然后，乙通过拨打电话造成电信公司财产损失，由于不存在他人的处分行为，乙构成盗窃罪，数额为5000元。最后，乙骗领并使用信用卡，构成信用卡诈骗罪，数额为5万元。以上各罪数罪并罚。（6分）

3. 事实三中，黄某收受他人财物，通过国家工作人员高某行使权力，构成利用影响力受贿罪，数额为60万元。丙给予黄某财物，让黄某通过国家工作人员高某行使权力，构成对有影响力的人行贿罪。（4分）

此外，黄某以自己的名义给予高某财物，构成行贿罪，高某收受他人财物，构成受贿罪。对于行贿罪和受贿罪的数额，存在两种不同观点：

观点1：行贿罪和受贿罪的数额为财物的实际价值2万元；

观点2：行贿罪和受贿罪的数额为黄某、高某二人主观上认定的数额50万元，同时适用行贿罪未遂、受贿罪未遂的规定。（6分）

4. 事实四中，虽然高某没有为他人谋取利益，但不影响受贿罪的认定。此外，丙以恶害相通告，使得黄某陷入恐惧处分财物，构成敲诈勒索罪。（4分）

案例 9 "摩托车"案

案情： 甲看到商店旁边停着一辆摩托车（价值1万元）没有上锁，崔某站在旁边。甲以为崔某是摩托车的主人，于是用铁棒猛击崔某，并用暴力将崔某推向马路中央。开车路过的金某来不及刹车，将崔某撞成重伤，甲趁机骑走摩托车。后查明，崔某是和摩托车无关的人，只是站在摩托车旁边看风景。（事实一）

热心路人江某一直驾驶汽车追赶甲3公里，甲为了摆脱江某，拿出自制的火药枪向江某开枪，但子弹打偏，将江某旁边的于某打死，江某继续追击。眼看甲就要被追上，此时甲的好友乙驾车经过此地，乙知道甲又犯事儿了，于是赶紧让甲上自己的车，甲只得放弃摩托车，窜入乙的车内，二人离开现场。（事实二）

丙看到甲丢弃在路边的摩托车，准备将车骑走。路过的丁觉得其可疑，遂装成摩托车主人的样子说："你想把我的车骑走啊？"丙只得弃车逃走。丁将摩托车据为已有。2个月后，丁听说公安正在侦查此案，因为害怕警方发现，丁将摩托车推下山崖毁坏。（事实三）

摩托车的主人王某是黑社会成员，他追查到是甲骑走了自己的摩托车，于是打电话给甲，称："3天之内把摩托车还给我，否则3天后我让黑社会老大取你狗命！"甲害怕，但只能告诉王某说："车辆已经丢失，无法归还。"（事实四）

问题： 综合全案，试分析甲、乙、丙、丁、王某的刑事责任。（20分）

答案

1. 事实一中，车辆是否上锁不影响财产犯罪的成立。甲意图压制反抗、取得他人财物，但崔某是与摩托车无关的第三人，因此甲主观上意图实施抢劫，客观上打破他人占有、建立新的占有，是盗窃行为。根据"主客观相统一"原则，甲触犯抢劫罪（未遂）与盗窃罪，从一重罪处罚。

此外，甲将崔某推到马路中央，导致崔某被来不及刹车的金某撞成重伤，这是正常介入因素，不切断甲的行为与崔某的重伤结果之间的因果关系。因此，甲构成故意伤害罪，属于故意伤害致人重伤。（6分）

2. 事实二中，甲触犯盗窃罪之后为了抗拒抓捕，对江某使用暴力，由于转化抢劫可以针对第三人，甲的行为转化为抢劫罪。甲将子弹打偏导致于某死亡，属于打击错误，打击错误不影响抢劫罪的认定，且甲属于"抢劫致人死亡"。

乙在甲抢劫既遂之后加入，帮助甲逃避刑事追究，构成窝藏罪。（6分）

3. 事实三中，路边的车辆推定为有人占有，而非遗失物。丙打破他人占有、建立新的占有，构成盗窃罪。丁虚构事实欺骗丙，使得丙基于错误认识抛弃对摩托车的占有，进而取得对财物的占有，构成诈骗罪。

丁将摩托车推下山崖系故意毁坏财物的行为，但由于其已经对摩托车构成诈骗罪，因此，故意毁坏财物的行为属于事后不可罚，不再单独定罪。（6分）

4. 事实四中，王某作为车辆的所有权人，其威胁甲返还车辆属于行使权利，不构成敲诈勒索罪。（2分）

案例 10 "霸王餐"案

案情： 甲去餐馆吃饭，结账的时候觉得餐费（5000元）太贵，于是打电话给附近的好友乙说："我这边想要逃单，你开车假装来找我，到时候我跟你跑。"乙遂开车来到餐馆门口，甲假装偶遇朋友，并以此为借口出门，之后上乙的车，二人溜之大吉。（事实一）

3天后，甲又来到该餐馆吃饭，店员林某觉得甲眼熟，想起来甲就是几天之前逃单之人，于是林某要求甲付餐费，否则报警。甲大力反扭林某手臂，趁乱逃跑。事后经鉴定，林某受重伤。（事实二）

甲听说林某欲报警，忌惮林某认得自己的长相，怕此事闹大，想着直接杀死林某灭口。于是甲谎称要抢劫，向丙借用枪支一把，丙将枪支借给甲。次日，甲在远处看到林某和同学黄某手牵手一起走在路上，甲一时记不清谁是林某，最终，甲将黄某错认为自己想杀的人，于是开枪射杀黄某，却将旁边的林某打死。黄某大声呼救，路人将甲制服。（事实三）

甲被逮捕后，其随身携带的物品全部被公安机关扣押，但公安机关并未制作相应的扣押清单。丁是该公安局的警察，负责看管甲及其被扣押的财物。丁发现这些财物之中有一张银行卡，就以暴力相威胁逼迫甲说出该卡的密码，然后到商场消费4万元。（事实四）

问题： 综合全案，试分析甲、乙、丙、丁的刑事责任。（30分）

> **答案**

1. 事实一中，甲一开始不具有非法占有目的，不构成诈骗罪，对于其逃跑的行为有两种观点：

观点1：如果认为甲逃单的行为没有使得债务消灭，甲没有取得财产性利益，则甲不构成犯罪；

观点2：如果认为甲逃单的行为事实上使得债务难以追回，甲取得财产性利益，则甲构成盗窃罪。（6分）

对于乙帮助甲逃单的行为也有两种不同观点：

观点1：如果认为甲不构成犯罪，根据"共犯从属性说"，则乙帮助甲逃单也不构成犯罪；

观点2：如果认为甲构成盗窃罪，则乙帮助甲逃单，使得事实上的债务难以追回，乙构成盗窃罪的帮助犯。（6分）

2. 事实二中，甲并非当场使用暴力，不属于转化抢劫。对于甲使用暴力迫使林某放弃餐费的行为，存在两种观点：

观点1：如果认为财产性利益可以成为抢劫的对象，则甲使用暴力使得财产性利益消灭，构成抢劫罪，且属于抢劫致人重伤，与事实一的行为整体评价为抢劫罪一罪即可；

观点2：如果认为财产性利益不可以成为抢劫的对象，则甲使用暴力损害林某的身体，构成故意伤害罪，属于故意伤害致人重伤。（6分）

3. 事实三中，甲发生了对象错误，又发生了打击错误。对象错误不影响既遂的认定，即甲想杀死自己认定的人（黄某），并且向黄某开枪，不影响故意杀人罪（既遂）的成立。但是就子弹打偏将林某打死，对此有不同的观点：

观点1：根据法定符合说，甲意图杀害他人，且导致他人死亡，构成故意杀人罪（既遂）；

观点2：根据具体符合说，甲意图杀害自己认定的人（黄某），但导致林某死亡，构成故意杀人罪（未遂）与过失致人死亡罪，从一重罪处罚。（6分）

丙以帮助抢劫的故意将枪支借给甲，但甲将枪支用于杀人，由于抢劫的故意中包含了杀人的故意，因此，丙构成故意杀人罪的帮助犯。（2分）

4. 事实四中，丁虽然负责看管甲，但并没有要求甲说出银行卡密码的职权，所以其并未利用职务便利，不构成贪污罪；另外，丁虽然以暴力威胁甲，但其取得信用卡内的财物是通过冒用他人信用卡、欺骗商场店员的方式，因此丁构成信用卡诈骗罪。（4分）

案例 11 "狗咬狗"案

案情： 甲看到张某在路边闲逛，想抢走其脖子上的项链（价值3000元），于是上前打了张某一巴掌，并假装生气地说道："败家娘们儿，又乱花钱买项链了！"之后，甲一把夺过张某的项链并逃跑。张某顿时反应过来，大喊："我不认识他，他是坏人，不是我丈夫！"路人听闻遂赶忙追击甲。事后查明，甲的背包中带有一把匕首。（事实一）

甲跑到一处分岔路口，乙正好在此处休息，看甲过来，听到后面的人喊"抓坏人"，于是乙拿木棍抵住甲不让他走，并让甲交出财物，甲无奈，将项链交给乙。乙接过项链，又一手拿着棍子，一边对甲强行搜身，最终从甲的身上搜出5000元现金。甲说这钱是自己的，乙不管不顾，将钱揣入口袋，放任甲逃走。追甲的群众到来，问乙是否看到有人从这里逃跑，乙否认。（事实二）

甲回家之后越想越气，于是找到乙，将乙控制后带到一幢烂尾楼里，让乙交出拿自己的5000元，乙说钱已经花掉，愿意让甲切掉自己的一根手指。甲生气之余拿刀切掉了乙的大拇指，乙血流如注，甲心生恐惧，将乙送医救治，乙受重伤。（事实三）

最终，甲在医院打电话报警，警察到达医院后将甲和乙抓捕。审讯期间，甲还交代了7年前在道路上醉酒驾驶机动车的犯罪行为，7年间该行为没有被任何人发现。（事实四）

问题： 综合全案，试分析甲、乙的刑事责任。（20分）

答案

1. 事实一中，甲打张某耳光不是为了压制反抗，而是让周围群众相信其丈夫的身份，因此，甲使用暴力夺走项链，对张某的人身存在一定危险，是抢夺的行为。又因为甲携带凶器实施抢夺，转化为抢劫罪。（4分）

2. 事实二中，乙将甲的犯罪所得（价值3000元）据为己有，构成掩饰、隐瞒犯罪所得罪；此外，乙压制甲的反抗，取走5000元财物，构成抢劫罪，两罪数罪并罚。由于包庇罪需要向司法机关作假证，因此，乙向群众谎称自己不知道甲去向的行为不构成犯罪。（6分）

3. 事实三中，甲为了索要债务控制乙，不具有非法占有目的，是非法拘禁的行为。由于被害人对重伤无法作出承诺，因此甲切掉乙大拇指的行为构成故意伤害罪。整体评价甲的行为，存在两种观点：

观点1：甲非法拘禁乙之后实行故意伤害行为，导致乙重伤，构成非法拘禁罪和故意伤害罪（致人重伤），数罪并罚；

观点2：甲非法拘禁乙之后使用暴力导致乙重伤，转化为故意伤害罪。

由于甲导致乙重伤已经成立犯罪既遂，因此，其将乙送医的行为不再认定为犯罪中止。（6分）

4. 事实四中，甲报警之后留在现场等待警察抓捕，属于"自动投案"，不影响自首的成立。另外，甲在道路上醉酒驾驶机动车，属于危险驾驶的行为，该危险驾驶罪已经超过5年的追诉时效，因此不再追究甲的刑事责任。（4分）

案例 12 "三包一"案

案情：甲、乙、丙共谋一起去"教训一下"他们共同的仇人方某。三人来到方某家中，甲朝着方某的腹部开枪，乙和丙朝着方某的大腿开枪，结果甲什么都没有打中，乙将方某旁边的文物打碎，丙将方某旁边的方某妻子李某打死。（事实一）

甲、乙、丙继续将方某追到卧室门口，丙在门口为甲、乙二人"教训"方某望风。甲和乙进入卧室内，和方某扭打在一起。甲、乙二人恼羞成怒，直接用花瓶猛击方某头部，方某应声倒地。二人以为方某已经死亡，准备逃离现场，此时乙看到方某放在桌上的手表（价值5000元），于是将手表拿走，甲看到之后什么都没说。（事实二）

甲、乙出门后，告诉丙："方某已经死了，咱们走吧。"三人遂离开。5小时后，甲为了毁灭证据又进入方某家中，将现场清理干净，并将一些值钱的东西打包到箱子中，扔到方某后院外的偏僻巷道中，准备处理好现场一并带走。之后甲将方某的"尸体"放入浴缸中，想造成方某洗澡时溺死的假象。其实此时，方某尚未死亡，其系后来被浴缸中的水溺死。（事实三）

从方某后院旁边巷道经过的丁看到甲扔出的箱子，以为是谁遗失的，于是将箱子拿走据为己有。（事实四）

问题：综合全案，试分析甲、乙、丙、丁的刑事责任。（26分）

答案

1. 事实一中，甲、乙、丙在故意伤害罪的范围内成立共同犯罪，其中甲是杀人故意，乙、丙是伤害故意。乙和丙属于打击错误，对于三人的行为的定性，有两种观点：

观点1：根据法定符合说，丙意图伤害他人，且导致了他人死亡的结果，构成故意伤害罪（致人死亡）。根据共同犯罪原理，甲、乙二人也对死亡结果负责。甲意图杀害方某，构成故意杀人罪（既遂）。乙意图伤害方某，构成故意伤害罪（致人死亡）；此外，乙过失导致文物毁损，单独构成过失损毁文物罪，与故意伤害罪（致人死亡）从一重罪处罚。

观点2：根据具体符合说，丙意图伤害方某，但未得逞，构成故意伤害罪（未遂）；同时过失导致李某死亡，构成过失致人死亡罪，与故意伤害罪（未遂）从一重罪处罚。甲、乙不对李某的死亡结果负责。甲意图杀害方某，但未得逞，构成故意杀人罪（未遂）。乙意图伤害方某，但未得逞，构成故意伤害罪（未遂）；此外，乙过失导致文物毁损，单独构成过失损毁文物罪，与故意伤害罪（未遂）从一重罪处罚。（6分）

2. 事实二中，甲、乙实施了杀人行为，构成故意杀人罪；丙以伤害的故意为甲、乙望风，构成故意伤害罪。从后面的事实可知，三人离开时，方某尚未死亡，到此为止，甲、乙构成故意杀人罪（未遂），丙构成故意伤害罪（基本犯）。（6分）

乙以平和手段将手表据为己有，构成盗窃罪，数额为5000元。甲对方某的人身法益进行侵害的行为没有升高财产法益受到侵害的危险，因此甲对乙的盗窃行为没有制止义务，不构成不作为犯。丙对乙的盗窃行为也不负责。（4分）

3. 事实三中，甲清理现场的行为缺乏期待可能性，不再单独认定为帮助毁灭、伪造证据罪。甲以为被害人已经死亡，将其放入浴缸中溺死属于事前故意，对此有两种不同观点：

观点1：甲意图杀害方某，且导致方某死亡，构成故意杀人罪（既遂）。

观点2：甲实施杀人行为，但未得逞，之后以为方某死亡，将其放入水中，不慎导致其溺亡，构成故意杀人罪（未遂）和过失致人死亡罪，数罪并罚。对于方某的死亡结果，乙和丙不负责。（6分）

另外，甲将方某户内的财物丢入后院外的巷道，属于盗窃行为，由于已经排除了他人的占有，构成盗窃罪（既遂）。（2分）

4. 事实四中，丁主观上以为是遗失物而据为己有，有侵占的故意；客观上打破他人占有、建立新的占有，是盗窃行为。由于侵占罪和盗窃罪可以包容评价，丁最终构成侵占罪。（2分）

案例 13 "'虎口狼窝'逃生"案

案情：甲将周某关押在地下室，准备向周某的妻子张某索要 10 万元财物，并用铁棒将周某打成重伤。在控制周某期间，甲雇佣高某为周某做饭，高某明知周某系被绑架，但由于贪财仍然答应。在控制周某一天之后，甲找到朋友乙，告诉乙自己已经绑架周某，让乙向张某打电话索要财物。乙提出赎金到手后一人一半，甲答应。于是乙打电话给张某，向张某索要赎金 10 万元。（事实一）

拿到赎金后，甲、乙二人将周某释放，并平分赎金。2 小时后，甲突然反悔，载着乙一起去追杀周某灭口。在路上，甲看到一人正在逃跑，甲视力不好，认定此人就是周某，于是让乙赶紧把枪拿给自己，准备射杀此人。乙将枪交给甲，甲将李某当作周某射杀。甲上前查看，方知出错。（事实二）

周某逃入附近的一个村庄，被一老妇人丙收留。夜晚，周某起床上厕所，听到丙正在打电话。周某听到谈话的内容，原来，丙是甲的母亲，二人已经知道了投宿之人正是周某，正计划由丙将周某制服，由甲赶回家杀人灭口，一小时后就可以到。周某于是躲在床上假装熟睡，等丙持木棒捶打床铺时，用藏好的铁棍将丙打晕（丙受轻伤），连夜逃离村庄，报警获救。（事实三）

甲在前去杀人的途中喝酒壮胆，与其他车辆相撞，导致对面车的车主丁受重伤。后查明，甲和丁均系醉酒驾驶机动车。（事实四）

问题：综合全案，试分析甲、乙、丙、丁、高某、周某的刑事责任。（20 分）

答案

1. 事实一中,甲控制周某,向周某的妻子张某索要财物,构成绑架罪,并且在绑架之后故意伤害周某致其重伤,属于"故意伤害被绑架人,致人重伤",加重处罚。乙在周某被控制的不法状态正在继续时加入,属于承继共犯,构成绑架罪,但由于周某的重伤结果发生在乙加入之前,乙不适用绑架罪的加重情节。甲和乙成立绑架罪的共同犯罪。高某为被绑架人周某做饭的行为降低了风险,不构成犯罪。(6分)

2. 事实二中,甲在绑架行为已经结束2小时后另起犯意,单独认定为故意杀人罪。甲误将李某当作周某杀害,属于对象错误,无论根据"法定符合说"还是"具体符合说",均构成故意杀人罪(既遂)。乙为甲的杀人行为提供帮助,成立故意杀人罪的帮助犯,且属于犯罪既遂。(6分)

3. 事实三中,丙意图杀害周某,但在实行阶段因为客观原因未能得逞,构成故意杀人罪(未遂)。周某针对正在进行的不法侵害行为进行防卫,属于正当防卫,不构成犯罪。(4分)

4. 事实四中,甲违反交通运输管理法规,醉酒驾驶机动车,造成丁重伤的结果,构成交通肇事罪。丁虽系醉酒驾驶机动车,但不对自己的重伤结果负责,因此只构成危险驾驶罪。(4分)

案例 14 "一家人整整齐齐"案

案情： 甲和妻子乙长期共同殴打其子王某，并用体罚、冻饿的方式折磨王某。王某不堪折磨，跳楼摔成重伤。（事实一）

王某受重伤后，甲和乙只得照顾王某。一日，甲谈到王某的情况，忍不住叹息一声，说："不如死了算了。"乙以为甲想杀死王某，于是将老鼠药递给甲，让他给王某服用。甲此时并无杀王某的意思，以为乙给自己的是中药，就给王某服用。王某服药后倒地抽搐，甲方知药里有毒，但甲想着王某死了也是好事，于是没有救助王某，导致其死亡。此外，王某的哥哥（甲和乙的另一个孩子）丙（15周岁）知道整件事情，但什么也没做。（事实二）

甲、乙和丙商议，从外面骗人到家里，再逼迫其交出财物。一日，乙假装身体不适寻求帮助，将好心路人蔡某骗到家中，甲用刀抵住蔡某，乙和丙顺势将蔡某的钱包夺过翻找，从蔡某的钱包内取出现金6000元。（事实三）

蔡某找准时机，与三人扭打在一起。最终，蔡某受重伤，甲和乙受轻伤。后查明，甲的轻伤来源于几人扭打时，甲持电锯直冲向蔡某，蔡某顺势躲到一边，甲扑空摔倒，被电锯锯成轻伤；乙的轻伤来源于丙在混乱中将扳手打偏所致。蔡某的重伤查不清由谁导致，但要么是甲造成的、要么是丙造成的，不可能是乙造成的。（事实四）

问题： 综合全案，试分析甲、乙、丙、蔡某的刑事责任。（22分）

答案

1. 事实一中，甲、乙共同虐待家庭成员王某，构成虐待罪的共同犯罪。在虐待罪中，被害人自残、自杀属于正常介入因素，因此，甲、乙构成虐待罪，属于虐待致人重伤。（4分）

2. 事实二中，乙主观上意图为甲的杀人行为提供帮助，有帮助的故意，客观上利用不知情的甲杀人，是间接正犯的行为，根据"主客观相统一"原则，乙属于故意杀人罪的帮助犯。

   甲一开始存在过失，在升高被害人王某的死亡风险后没有实施救助，构成不作为的故意杀人罪。

   丙没有制止父母实施犯罪的义务，对自己的弟弟也没有法定的救助义务，因此不构成不作为犯，不构成犯罪。（6分）

3. 事实三中，甲压制蔡某的反抗，乙、丙取得蔡某的财物，甲、乙、丙共同实施抢劫行为。丙已满15周岁，对抢劫罪负刑事责任，三人属于抢劫罪的共同正犯，均构成抢劫罪，数额为6000元。（4分）

4. 事实四中：

   （1）对于甲的轻伤结果，蔡某不负责。蔡某躲避甲的伤害的行为不具有法益侵害性，不属于刑法意义上的行为，不符合犯罪构成要件，不构成犯罪，也不需要通过正当防卫或者紧急避险出罪。因此，蔡某不对甲的轻伤结果负责。（2分）

   （2）对于乙的轻伤结果，丙属于偶然防卫，对此有两种不同的观点：

   观点1：根据"防卫意思必要说"，丙的行为不属于正当防卫，且具有过失，由于过失致人轻伤不构成犯罪，丙无罪；

   观点2：根据"防卫意思不要说"，丙的行为属于正当防卫，不构成犯罪。（4分）

   （3）对于蔡某的重伤结果，由于甲、乙、丙三人成立共同犯罪，因此该结果无论具体由三人中的谁造成，甲、乙、丙三人均需要承担责任，均构成抢劫罪，属于"抢劫致人重伤"。（2分）

案例 15 "暗中协助"案

案情： 甲意图入户盗窃孙某家的财物。乙知道此事后，打算暗中帮助甲，其提前到孙某家中，将孙某后院的窗户（价值1万元）砸碎。不曾想，甲系用钥匙打开孙某家的前门进入孙某家中（没有经过后院），取走了价值5000元的财物。（事实一）

甲出门后，正好碰到孙某的邻居吴某，吴某见甲形迹可疑，于是欲报警，甲对吴某说："别管闲事，我知道你在附近上班，你敢报警，我就告发你上班回家的事情。"吴某于是打消了报警的念头。甲又累又困，又回孙某家的后院睡了一觉。第二天早上，孙某回家，看到甲形迹可疑，准备将甲带去公安局。甲心生歹念，打算将孙某掐晕之后用刀砍死，于是掐住孙某的脖子。孙某倒地之后，甲才发现孙某此时已经死亡。（事实二）

甲在回家的路上，因为身上有血迹，被警察陈某盘问，甲扭头欲逃跑，陈某和热心路人王某紧追不舍。甲拔枪向陈某的大腿连开数枪，子弹没有打到陈某，但造成王某死亡的结果。甲被群众抓获。（事实三）

甲在公安局交代了自己的另一起犯罪事实：甲搭乘高某驾驶的黑车前往某地，到达后，甲认为高某的要价太高，商谈许久，高某不肯让步。甲为了能降低车费，就冒充自己是市长的儿子，并给自己所谓的市长父亲打电话，声称自己乘坐黑车被宰，让父亲速来现场处理。高某听后欲拔车钥匙逃跑，甲用力摁住了车钥匙，高某弃车而逃。高某走后，甲将车占为己有。（事实四）

问题： 综合全案，试分析甲、乙的刑事责任。（20分）

答案

1. 事实一中，甲非法侵入孙某的住宅，打破孙某对财物的占有、建立新的占有，构成盗窃罪，且属于"入户盗窃"，数额为5000元。

乙没有为甲的盗窃提供物理帮助，也没有提供心理帮助，不属于片面帮助犯，不构成盗窃罪。但乙涉嫌非法侵入住宅罪和故意毁坏财物罪。（4分）

2. 事实二中，甲对吴某以暴力以外的恶害相威胁，不成立转化抢劫。甲第二天对孙某使用暴力，由于并非当场使用暴力，也不成立转化抢劫。甲的行为导致孙某死亡属于结果提前实现，对此有两种不同的观点：

观点1：甲意图杀害孙某，且导致了孙某死亡的结果，构成故意杀人罪（既遂）。

观点2：甲意图砍死孙某，但未得逞，构成故意杀人罪（未遂）；同时甲意图掐晕孙某却导致孙某死亡，构成过失致人死亡罪，与故意杀人罪（未遂）从一重罪处罚。（6分）

3. 事实三中，甲使用暴力袭击正在依法执行职务的警察陈某，构成袭警罪，由于使用了枪支，加重处罚。此外，甲朝陈某的大腿开枪，有伤害的故意，却导致王某死亡，属于打击错误，对此有两种不同观点：

观点1：根据"法定符合说"，甲意图伤害他人，导致他人死亡，构成故意伤害罪（致人死亡）。

观点2：根据"具体符合说"，甲意图伤害陈某，但未得逞，构成故意伤害罪（未遂）；甲过失导致王某死亡，构成过失致人死亡罪，与故意伤害罪（未遂）从一重罪处罚。（6分）

4. 事实四中，高某虽弃车而逃，但根据社会的一般观念，高某依然占有自己的汽车，甲打破他人对车辆的占有、建立新的占有，构成盗窃罪；由于甲没有冒充国家机关工作人员行骗，不构成招摇撞骗罪。甲交代了司法机关尚未掌握的其他犯罪事实，成立特别自首。（4分）

案例 16 "补刀"案

案情： 甲专挑银行快要下班时让快递员来送货。某日，快递员乙将货物送到甲指定的写字楼后，甲说："我的现金不够了，你跟我一起去银行取钱吧，你先把货物放在这。"乙遂与甲一同前往银行取钱。但到了银行后，发现银行早已关门，甲便对乙说："你先去吃饭吧，我去隔壁的 ATM 机取钱，到时给你送来。"乙信以为真，甲趁机返回写字楼将该货物取走，货物价值 1 万元。（事实一）

乙发现货物不见了，第二天找到甲，要求甲返还。甲不同意，还对乙拳脚相向，导致乙受轻伤。乙恼羞成怒，找到朋友丙，二人将甲的妻子方某控制起来，试图逼迫甲交出 1 万元的货款。方某拼命反抗，乙和丙轮流打方某的耳光，逼迫方某给甲打电话要钱，导致方某身上一处受重伤，但无法查明此处重伤具体由乙和丙中的谁导致。（事实二）

丙害怕被警察发现，便骑摩托车搭载方某欲将其转移至郊外的一处地下室。在骑车过程中，丙恶狠狠地对方某说："只要你打电话，啥事儿都好办！"方某请求丙停车，但丙不理睬。方某为了逃脱，直接从高速行驶的摩托车后座上跳了下来，结果当场死亡。（事实三）

丙喊来乙处理现场，乙 10 分钟内到达现场，二人将方某的尸体埋在水沟，用稻草盖好。丙先离开，乙正要离开，突然发现稻草动了一下，以为方某没死，于是搬起一块石头猛砸方某的头部。二人的行为被附近的村民发现，遂案发。后经法医鉴定，在乙用石头砸方某之前，方某就已经死亡。（事实四）

问题： 综合全案，试分析甲、乙、丙的刑事责任。（14 分）

答案

1. 事实一中,当乙将货物送至甲指定的写字楼时,就可以认定乙已经处分了该货物。甲实施了欺骗行为,让乙陷入认识错误放弃了该财物,成立诈骗罪。(2分)

2. 事实二中,甲并非当场对乙使用暴力,不转化为抢劫罪,其构成故意伤害罪,与之前的诈骗罪数罪并罚。

乙和丙为了要债控制方某,不具有非法占有目的,构成非法拘禁罪的共犯。二人在非法拘禁之后使用暴力导致方某重伤,但由于无法查明重伤结果由谁导致,根据"存疑有利于被告"的原则,二人均不对方某的重伤结果负责,均不转化为故意伤害罪。(6分)

3. 事实三中,方某自己从高速行驶的摩托车后座上跳下,导致了死亡结果,属于"自陷风险"行为,是异常介入因素,因此,丙不对方某的死亡结果负责,不属于"非法拘禁致人死亡"。(4分)

4. 事实四中,方某死后不久,乙误以为方某存活而用石头猛砸方某头部的行为具有造成结果的危险性,因此乙单独构成故意杀人罪(未遂)。(2分)

案例 17 "好友"案

案情： 甲想要入户抢劫魏某，甲的好友乙得知了此事，为了让甲能够成功拿到财物，乙事先暗中进入魏某家中，用花瓶猛击魏某头部，做完这些之后，乙就躲在隔壁房间。不久，甲进入魏某家中，发现魏某倒在地上，于是在魏某家中翻箱倒柜，最终拿走现金 2000 元、信用卡 1 张、存折 1 本。(事实一)

甲刚离开，乙就从隔壁房间出来，发现魏某不再动弹，以为其已经死亡，于是欲毁尸灭迹。由于一个人无法完成，乙找到了好友丙。丙来到魏某家，和乙一起挖坑，又一起将魏某的"尸体"埋在魏某家的后院中，最终导致魏某死亡。后查明，丙在"埋尸"的时候已经发现魏某没死的事实，但没有告诉乙。(事实二)

之后，甲用魏某的信用卡在商场消费 2 万元，又假冒魏某的名义从银行取出存折中的 5 万元存款。公安机关根据甲的消费记录掌握了甲进入魏某家中拿走魏某财物以及后续的事实，并且将甲抓捕归案。甲如实交代了以上犯罪事实，并且检举了自己知道的乙的一件犯罪事实。(事实三)

甲检举的乙的犯罪事实如下：1 年前，乙的电脑丢失。次日，乙在熟人周某家中发现了一台一模一样的电脑，乙以为自己的电脑是周某偷的，于是将电脑拿回，之后才发现不是自己的电脑。乙又将该电脑卖给了孙某，获得 1 万元。(事实四)

问题： 综合全案，试分析甲、乙、丙的刑事责任。(22 分)

答案

1. 事实一中，甲进入魏某家中，以平和手段打破他人占有、取得财物，构成盗窃罪，且属于"入户盗窃"。乙为了让甲顺利取得财物暗中将魏某打晕，对此有两种不同的观点：

观点1：如果承认"片面共同正犯"的概念，则乙为了让甲成功取得财物暗中实施了压制反抗的行为，属于抢劫罪的片面共同正犯，且属于"入户抢劫"；

观点2：如果不承认"片面共同正犯"的概念，则乙暗中为甲的盗窃行为提供了帮助，属于盗窃罪的片面帮助犯，同时乙实施了故意杀人的行为，构成故意杀人罪，与盗窃罪从一重罪处罚。（6分）

2. 事实二中，乙以为魏某已经死亡，将其埋入土中导致其死亡，属于事前故意，对此有两种不同的观点：

观点1：如果把乙的抢劫（杀人）行为和"埋尸"导致魏某死亡的行为视为一个整体，则乙构成抢劫致人死亡（故意杀人罪既遂）；

观点2：如果把乙的抢劫（杀人）行为和"埋尸"导致魏某死亡的行为分开评价，则乙构成抢劫罪（故意杀人罪未遂），之后又构成过失致人死亡罪，数罪并罚。

丙明知魏某没有死亡，而亲自动手非法剥夺他人生命，构成故意杀人罪。（6分）

3. 事实三中，甲盗窃信用卡并使用，构成盗窃罪；根据司法解释的规定，甲窃取存折后又冒用，构成盗窃罪，数额累计计算。甲如实供述公安机关已经掌握的犯罪线索，对盗窃罪成立坦白，从宽处罚；此外，甲检举乙的犯罪事实，属于立功。（4分）

4. 事实四中，乙拿走周某电脑的时候不具有盗窃的故意，不构成盗窃罪，其发现真相之后变占有为所有，构成侵占罪。乙将电脑卖给孙某，对此有两种不同的观点：

观点1：如果认为孙某可以善意取得该电脑，则孙某没有受到财产损失，乙不再构成诈骗罪；

观点2：如果认为孙某不能善意取得该电脑，则孙某受到财产损失，乙还构成诈骗罪，且出售行为本身就是将财物"据为己有"，因此乙构成诈骗罪与侵占罪，从一重罪处罚。（6分）

案例 18 "情妇背锅"案

案情： 甲听说邻居王某赚了钱，遂起了歹念。甲潜入王某家中，将王某强行控制，从王某家中搜出3万元现金和一张信用卡，并让王某通知其妻交赎金。王某担心妻子，于是在电话中谎称自己生了重病，让妻子准备50万元现金。（事实一）

之后，甲将王某转移到自己的情人乙的住处，对乙谎称"王某欠自己50万元，控制王某是为了要债"，并唆使乙拿王某的信用卡去商场刷卡消费。乙信以为真，主动替甲看守王某。（事实二）

次日，乙用王某的信用卡在商场消费6万元。甲单独在家看守王某的时候与其发生了冲突，甲用板凳猛击王某头部，王某随即昏倒在地。甲以为王某已经死亡，于是将其"尸体"丢入水沟。（事实三）

乙回到家中，得知王某已经死亡，在甲的利诱下向公安机关主动投案，谎称自己一人实施了杀人行为，并带领公安机关找到了王某的尸体。公安机关经过侦查，确定了以上事实。经查证，王某系被丢入水沟后溺亡，并非被甲用板凳砸死。（事实四）

问题： 综合全案，试分析甲和乙的刑事责任。（18分）

答案

1. 事实一中，甲压制王某反抗取得其财物，构成抢劫罪，且属于"入户抢劫"，加重处罚。结合事实三，甲之后将抢来的信用卡给乙使用，消费6万元，与3万元现金累计计算。此外，甲控制王某，向第三人索要50万元财物，构成绑架罪。（4分）

2. 事实二中，乙在甲绑架王某的不法状态继续期间加入，属于承继共犯，乙和甲在非法拘禁罪的范围内成立共同犯罪，其中乙没有非法占有目的，构成非法拘禁罪。（2分）

3. 事实三中，乙冒用他人信用卡，构成信用卡诈骗罪。（2分）

此外，甲在绑架之后欲杀害被绑架人，但"抛尸"导致被害人溺死，属于事前故意，对此存在两种不同的观点：

观点1：如果将死亡结果归属于杀人行为，则甲构成绑架罪，且属于"绑架并杀害被绑架人"，加重处罚；

观点2：如果将死亡结果归属于"抛尸"行为，则甲构成绑架罪、故意杀人罪未遂、过失致人死亡罪，三罪数罪并罚。（也可以写作：则甲构成绑架罪，适用"绑架并杀害被绑架人"的加重情节，同时适用未遂的规定，还构成过失致人死亡罪，数罪并罚）（4分）

乙实施非法拘禁的行为，对于王某的死亡结果有预见可能性，属于非法拘禁致人死亡。（2分）

4. 事实四中，乙没有如实供述犯罪事实，不成立自首，且其替甲作假证的行为构成包庇罪。甲由于缺乏期待可能性，不构成包庇罪的教唆犯。（4分）

案例 19 "被害恐惧症"案

案情： 甲看到张某和刘某气势汹汹地朝自己跑来，以为二人是劫匪，于是用空手道将张某、刘某打成重伤。后甲从张某口中得知，张某和刘某只是来问路的大汉，甲因为过于紧张将二人当成劫匪。甲以为刘某已经死亡，就将其留在现场，然后将张某拖入偏僻的树林，不顾张某的求救离开。甲走前将张某的皮包（价值3000元）顺手拿走。刘某在甲离开后的5分钟之内被路人发现并送到医院，但因为伤势过重死亡；张某被甲丢入树林后冻死。（事实一）

当天，甲回家后将此事告诉了妻子陈某，并将皮包给了陈某，陈某收下皮包。晚上，陈某思来想去，又起贪念，3天后找到甲所说的张某尸体所在的现场，从张某身上搜出现金5000元，并且将一张信用卡拿走，从ATM机上取款1万元。做完这些后，陈某报警，举报了丈夫甲的犯罪事实，并要求公安机关严惩丈夫，公安机关将甲抓捕归案。（事实二）

甲被关在看守所期间，遇到了负责看管的临时工（没有监管人员的编制）乙，乙是甲以前的朋友，甲请求乙放了自己，乙看在二人是旧交的份上将甲放走。2天之后，甲因为走投无路再次向公安机关投案。（事实三）

丙（社会人士）找到于某（甲的情妇），告诉于某自己可以让甲脱罪，于某答应给丙10万元作为报酬（于某知道丙可以通过违法手段让甲被判无罪）。不久后，丙找到多年未见的负责此事的法官丁，托丁对甲作无罪处理，丁不同意，丙便以揭发丁的隐私相要挟，丁被迫按丙的要求处理案件。后丙收到于某给的10万元现金。（事实四）

问题： 综合全案，试分析甲、乙、丙、丁、陈某、于某的刑事责任。（22分）

答案

1. 事实一中，甲误以为存在不法侵害而进行"防卫"，造成他人重伤的结果，属于假想防卫，构成过失致人重伤罪。

甲存在不救助刘某的行为，但不具有结果回避可能性，因此，甲对刘某不构成不作为的故意杀人罪，只构成过失致人死亡罪，结合之前的过失致人重伤罪，其行为可整体评价为过失致人死亡罪。此外，甲将张某拖入树林导致其死亡，属于以作为方式实施的故意杀人罪，其取走张某财物的行为构成盗窃罪，数额为 3000 元。（6 分）

2. 事实二中，陈某明知道皮包是赃物而收下，构成掩饰、隐瞒犯罪所得罪。陈某 3 天后返回现场将死者的财物据为己有，构成侵占罪，数额为 5000 元。此外，陈某捡拾信用卡并使用，构成信用卡诈骗罪，数额为 1 万元，与掩饰、隐瞒犯罪所得罪以及侵占罪数罪并罚。（4 分）

3. 事实三中，甲被陈某报警抓获，不成立自首。甲在被采取强制措施期间逃跑，之后又投案，也不成立自首。

此外，甲因为犯罪被关押，其从看守所逃离的行为构成脱逃罪；乙不具有司法工作人员的身份，不构成私放在押人员罪，只构成脱逃罪的帮助犯。（4 分）

4. 事实四中，丙收受他人财物，通过国家工作人员丁行使职权，为他人谋取利益，构成利用影响力受贿罪；同时，丙教唆司法工作人员丁违背事实和法律作出判决，构成徇私枉法罪的教唆犯，与利用影响力受贿罪数罪并罚；丙要挟丁，但未取得财产性利益，不构成敲诈勒索罪。（4 分）

于某给予非国家工作人员丙财物，构成对有影响力的人行贿罪。

丁作为司法工作人员，在刑事案件中违背事实和法律作出判决，构成徇私枉法罪。（4 分）

案例 20 "偷彩票"案

案情： 甲得知邻居陈某买的彩票中了奖，于是深夜潜入陈某的家中，将已经中奖的彩票（中奖 10 万元）拿走，并发现彩票旁边有一张信用卡，于是一起拿走。甲去彩票销售点兑奖 10 万元，并用陈某的信用卡在商场消费 6 万元。（事实一）

甲找到前女友钱某说："我最近赚了点钱，你跟我发生性关系，我明天就给你 1 万元。"钱某信以为真，与甲发生了性关系。第二天早上，钱某醒来时，发现甲早已溜走。钱某立刻报警，称自己被甲强奸。事后钱某还发现，自己手机微信中的零钱被甲转走了 7000 元。（事实二）

甲因为涉嫌强奸罪被警察拘留，但公安机关认为甲不构成强奸罪，随即作出释放甲的决定。但负责看押甲的警察乙却没有将公安机关的决定告诉甲，而是要求甲缴纳 3 万元的罚款，否则就不释放甲。甲也以为自己构成强奸罪，为了早日从看守所出来，就给了乙 3 万元。（事实三）

被释放后，甲去找钱某算账。甲听到钱某屋内有动静，于是点火焚烧钱某的房屋，想烧死里面的人。直到里面传出男人的声音，甲才知道里面的人不是钱某，于是他进入火场，救出了里面的周某。经查，火灾导致 3 间房屋受损，财产损失共计 6 万元。此外，周某是钱某的男友，当时钱某已经出门，只有周某在家。周某在火灾中被烧成重伤。（事实四）

问题： 综合全案，试分析甲、乙的刑事责任。（16 分）

答案

1. 事实一中，甲盗窃陈某中奖的彩票并兑换，构成盗窃罪，且属于"入户盗窃"，数额为10万元；此外，甲盗窃陈某的信用卡并使用，也构成盗窃罪，数额为6万元，与10万元累计计算。（4分）

2. 事实二中，甲在得到钱某承诺的情况下与之发生性关系，不构成强奸罪。钱某基于对对价的认识错误处分了人身法益，不影响承诺的效力，因此甲不构成强奸罪。此外，甲通过微信转账的方式窃取了钱某微信中的零钱，打破他人占有、建立新的占有，构成盗窃罪，数额为7000元。（4分）

3. 事实三中，乙有义务向甲说明公安机关即将释放甲这一事实，但乙隐瞒真相，使得甲陷入认识错误处分财物，构成诈骗罪；此外，乙利用职务之便向他人索取贿赂，构成受贿罪，且属于"索贿"，从重处罚。因此，乙构成诈骗罪与受贿罪，从一重罪处罚，数额均为3万元。（4分）

4. 事实四中，甲放火危及公共安全，构成放火罪，由于已经造成了损害，构成放火罪既遂；此外，甲意图杀害屋内的人，且在杀人过程中认错对象属于较大的阻力，因此甲在实行阶段因为客观原因未能得逞，属于故意杀人罪（未遂），从宽处罚。综上所述，甲构成放火罪（既遂）与故意杀人罪（未遂），从一重罪处罚。（4分）

案例 21 "生日试胆"案

案情： 甲（19周岁）和乙（16周岁生日当天）在路边看到孙某（9周岁），两人试图控制孙某并将其卖掉，孙某拼命挣扎，甲和乙用路边的钢管将孙某打成轻伤。（事实一）

孙某大声呼救，便衣警察黄某见状，为了解救孙某，与甲、乙扭打在一起，孙某见状也上前帮忙，最终乙、孙某受轻伤，黄某受重伤。后查明，乙的轻伤结果系黄某导致；孙某的轻伤结果系黄某反抗甲时不慎打偏导致；黄某的重伤结果系甲、乙二人导致，但无法查明具体由二人中的谁导致。（事实二）

之后，甲、乙将孙某出卖给丙。丙一开始准备将孙某当成孩子抚养，孙某反抗，丙殴打孙某，并多次对孙某实施猥亵行为。之后，丙嫌孙某吵闹，于是将其再次出卖。（事实三）

甲拿着孙某的衣服回家后，发现孙某上衣口袋里装有孙某家的电话号码，甲按照电话号码打过去，联系上了孙某的母亲陈某。甲称孙某被自己绑架，让陈某交10万元赎金，否则撕票。陈某没有交赎金，并立刻报警，在警方的协助下找到了孙某，并且将甲、乙抓获归案。丙在投案的路上被公安机关抓获。（事实四）

问题： 综合全案，试分析甲、乙、丙、黄某的刑事责任。（22分）

答案

1. 事实一中，乙在16周岁生日当天仍为15周岁，其与甲共同实施拐卖儿童的行为，在客观层面成立拐卖儿童罪的共同犯罪。甲在拐卖儿童的过程中实施故意伤害行为，属于拐卖儿童致人重伤，加重处罚；乙对拐卖儿童罪不负刑事责任，只对故意伤害致人重伤负刑事责任。（4分）

2. 事实二中：

（1）关于黄某造成乙的轻伤结果，乙的行为属于不法侵害，黄某为保护他人的合法权益，制止不法侵害，造成乙轻伤，成立正当防卫。（2分）

（2）关于黄某造成孙某的轻伤结果，黄某属于打击错误，对此存在三种观点：

观点1：黄某针对他人的不法侵害进行反击，造成他人轻伤的结果，属于正当防卫，不构成犯罪。

观点2：黄某针对甲的不法侵害进行反击，造成孙某轻伤的结果，属于紧急避险，不构成犯罪。

观点3：黄某针对甲的不法侵害进行反击，造成孙某轻伤的结果，且存在一定过失，属于假想防卫。但过失致人轻伤不构成犯罪，黄某无罪。

综上所述，无论根据何种观点，黄某导致孙某轻伤的行为均不构成犯罪。（6分）

（3）关于甲、乙造成黄某的重伤结果，甲、乙构成故意伤害罪，且由于二人成立共同犯罪，因此均对黄某的重伤结果负责，成立故意伤害致人重伤。此外，甲、乙使用暴力袭击正在执行公务的警察黄某，在客观层面成立袭警罪的共同犯罪，但乙没有达到刑事责任年龄，不对袭警罪负刑事责任。综上，对于黄某的重伤结果，甲构成故意伤害罪和袭警罪，从一重罪处罚；乙构成故意伤害罪。（4分）

3. 事实三中，丙收买被拐卖的儿童，触犯收买被拐卖的儿童罪；实施强制猥亵的行为，构成猥亵儿童罪；之后丙出卖儿童，触犯拐卖儿童罪。由于收买被拐卖的儿童之后又出卖的，只触犯拐卖儿童罪一罪，因此丙触犯拐卖儿童罪和猥亵儿童罪，数罪并罚。（4分）

4. 事实四中，甲虚构事实，并对陈某进行恐吓，构成诈骗罪和敲诈勒索罪，从一重罪处罚，但没有取得财物，认定为犯罪未遂，从宽处罚。丙在自首途中被抓获，也成立自首，从宽处罚。（2分）

案例 22 "杀手'两头吃'"案

案情： 甲因为妻子出轨张某（某国有公司出纳）而憎恨张某，遂找到乙，让乙教训一下张某，并承诺给乙 5000 元作为报酬。乙在搜集资料的时候误将王某认成张某。深夜，乙潜入王某的住宅，砍掉了王某的大拇指，王某大喊："我是王某，不是张某！"乙方知出错，急忙将王某送医救治。（事实一）

1 个月后，乙找到张某并潜入其家中，对张某说："有人花钱让我杀了你，你是国有公司出纳，现在给我去公司弄来 6 万元，我就可以饶你不死。"张某无奈，在乙的胁迫下来到自己的办公室，取出自己负责保管的保险柜中的 6 万元交给乙。乙在走出该国有公司大楼的时候碰到了吴某，吴某发现乙形迹可疑，准备报警，乙用铁棍殴打吴某。此时，路人丙经过此地，乙大喊："打抢劫犯啊！"丙以为吴某是抢劫犯，就上前一起用铁棍殴打吴某。吴某被二人共同打成重伤。（事实二）

乙后来找到甲说："张某已经被我打伤了，你可以给我钱了。"但乙拿不出实际证据，于是甲不相信，不肯给钱。乙说："你要是不给钱，我就把你做的事情曝光出去，大不了鱼死网破！"甲只得同意，给乙 5000 元。（事实三）

公安机关工作人员丁某、洪某很快对甲进行了抓捕，在二人对捆绑的甲的讯问过程中，甲拒不交代犯罪事实。丁某对此十分气愤，多次扇甲的耳光，造成甲重伤。（事实四）

问题： 综合全案，试分析甲、乙、丙、丁某、洪某、张某的刑事责任。（22 分）

答案

1. 事实一中，乙故意损害他人身体健康，造成重伤结果，属于故意伤害致人重伤，虽然出现了对象错误，但不影响既遂的成立。由于重伤结果已经出现，乙将王某送医的行为不构成犯罪中止。（4分）

甲教唆乙实施伤害行为，构成故意伤害罪（教唆犯），且甲属于打击错误，对此有两种观点：

观点1：甲意图伤害他人，也导致他人重伤的结果，构成故意伤害罪（既遂）；

观点2：甲意图伤害张某，但由于客观原因没有得逞，构成故意伤害罪（未遂）。（4分）

2. 事实二中，乙和丙共同造成了吴某重伤的结果，二人均对吴某的重伤结果负责。

乙压制张某反抗、取得财物，属于抢劫行为，之后乙对吴某实施了伤害行为，对此有两种不同的观点：

观点1：乙在实施普通抢劫之后为了抗拒抓捕使用暴力，转化为抢劫罪，且属于"抢劫致人重伤"；

观点2：乙在实施普通抢劫之后单独实施了伤害行为，构成抢劫罪与故意伤害罪（致人重伤），数罪并罚。（4分）

丙误以为存在不法侵害而进行"防卫"，属于假想防卫，导致吴某重伤，构成过失致人重伤罪。

此外，张某在被胁迫、失去选择自由的情况下不得已侵害公共财产法益，以避免正在发生的危险，属于紧急避险，不构成犯罪。（4分）

3. 事实三中，乙已经着手虚构事实欺骗甲，但因客观原因未能得逞，构成诈骗罪（未遂）；之后乙以恶害相通告，使得甲处分财物，构成敲诈勒索罪，与诈骗罪（未遂）数罪并罚，数额均为5000元。（4分）

4. 事实四中，丁某使用肉刑逼取犯罪嫌疑人甲的口供，在刑讯逼供罪的范围内成立共同犯罪。丁某在刑讯逼供过程中导致甲重伤，转化为故意伤害罪。丁某转化为故意伤害罪超出了洪某的故意，洪某只构成刑讯逼供罪。（2分）

案例 23 "盗窃变杀人放火"案

案情： 丙告诉甲和乙："李某赚了很多钱，他平时晚上不在家，可以趁机去盗窃，到时候分给我一笔就行。"甲、乙觉得丙说得很有道理，于是听从。（事实一）

甲、乙二人认错了房间，进入了李某家隔壁的张某家中，找到了3000元现金，正欲离开时，遇到张某回家（甲、乙二人以为是李某）。张某进屋将甲、乙堵在卧室内，甲、乙眼看跑不掉，于是操起板凳猛击张某，张某受重伤昏迷。后查明，该重伤由甲、乙中的一人造成，但不能查明是甲的行为所致还是乙的行为所致。之后甲、乙二人离开现场。（事实二）

甲、乙二人离开现场后不久，甲说："李某可能看到我们的脸了，一不做二不休，把他干掉吧，以除后患。"二人遂返回现场。在甲动手杀人时，乙站在旁边，说了一句"算了吧"，再无任何阻止的举动。张某被甲杀死。（事实三）

张某死后，甲离开，乙负责清理现场，期间乙将张某的手机（价值6000元）据为己有。之后乙将房间内的一个电炉插上，并在上面放了几个纸箱，导致张某家发生火灾，引起相邻数间房屋被烧毁。甲对此不知情。事后，甲、乙二人找到丙，骗丙说只偷了1000元，分给丙500元。甲、乙二人跟丙说了"李某"的长相后，方知弄错，得知被害人其实是张某。（事实四）

问题： 综合全案，试分析甲、乙和丙的刑事责任。（18分）

答案

1. 事实一中，丙教唆甲、乙入户盗窃，构成盗窃罪的教唆犯。根据后面的案件事实可知，甲、乙实施的转化抢劫超出了丙的故意，丙不构成抢劫罪。此外，甲、乙后面发生了对象错误，教唆者丙属于打击错误。（4分）

2. 事实二中，甲、乙实施盗窃之后为了抗拒抓捕使用暴力，转化为抢劫罪。由于二人已经取得财物，构成抢劫罪既遂，虽然二人发生了对象错误，但不影响既遂的成立。此外，甲、乙以盗窃的故意非法侵入他人住宅，属于"入户抢劫"，且由于二人成立共同犯罪，即使不能查明张某的重伤结果具体由谁导致，二人均对张某的重伤结果负责。甲、乙都构成"抢劫致人重伤"，加重处罚。（6分）

3. 事实三中，甲在抢劫之后杀害张某，构成故意杀人罪，与抢劫罪数罪并罚。乙将张某打伤的行为升高了对方的人身风险，所以乙具有阻止甲杀害张某的义务。虽然乙说了一句"算了吧"，但其没有履行救助张某的义务，乙构成不作为的故意杀人罪，与抢劫罪数罪并罚。（4分）

4. 事实四中，乙窃取他人户内的财物，构成盗窃罪，数额为6000元；之后乙放火危害公共安全，构成放火罪，两罪与之前构成的抢劫罪、故意杀人罪数罪并罚。甲对乙盗窃手机和放火的行为不知情，不构成盗窃罪和放火罪。由于丙已经构成盗窃罪的教唆犯，因此其事后接受500元的行为不再构成掩饰、隐瞒犯罪所得罪。丙亦没有受损失，甲、乙对丙不构成诈骗罪。（4分）

案例 24 "绑匪被同伙耍"案

案情： 2023年9月1日，甲控制了邻居王某的儿子赵某，向王某索要10万元财物。王某无奈，只得按照甲的要求将装有10万元现金的黑色塑料袋放在某垃圾桶中。甲的好友陈某知道此事后，在王某放装钱的袋子当天一直跟踪王某，准备等王某将袋子放下之后趁机将袋子"捡走"，但害怕被监控拍下，最终中途就先行回家了。（事实一）

甲准备出门取钱的时候碰到了好友乙，乙得知甲的全部计划之后，主动提出帮助甲去垃圾桶取钱，甲同意，在家看管赵某。乙拿到10万元之后，突然产生了将其据为己有的意图，于是携款潜逃，并扔掉手机以防甲联系上自己。甲得知后十分生气，连砍赵某两刀，一刀砍在赵某的肩膀，一刀砍在赵某头部，最终赵某死亡，但无法查明致命伤是由第一刀还是第二刀造成的。后甲被抓捕，供述了自己的另两起犯罪事实。（事实二）

甲供述的第一起犯罪事实是：2000年，甲将妇女高某强行带到河边，对其实施奸淫，高某在拼命挣扎中自己滑入水中。甲看到高某在水中挣扎求救，怕救助高某后其告发自己，于是逃离现场，后高某溺亡。此事一直没有被公安机关发现。（事实三）

甲供述的第二起犯罪事实是：2016年，吴某将一台笔记本电脑（价值1万元）交给甲，让甲帮助自己将其捐给希望小学，甲假意答应，收下电脑后当晚逃离到其他城市，吴某再也联系不上甲。吴某没有选择报警，此事一直没有被公安机关发现。（事实四）

问题： 综合全案，试分析甲、乙、陈某的刑事责任。（14分）

答案

1. 事实一中，甲控制赵某，向赵某的父亲王某索要财物，构成绑架罪，由于已经实际控制赵某，是犯罪既遂。赎金不属于"遗失物"，是他人占有的财物，陈某意图打破他人对赎金的占有、建立新的占有，构成盗窃罪，但其在预备阶段自动放弃犯罪，属于预备阶段中止。（4分）

2. 事实二中，由于绑架罪是继续犯，乙在甲绑架既遂之后加入帮助甲取得财物，仍然是绑架罪的承继共犯，属于绑架罪的帮助犯。此后，乙将赎金据为己有，由于是绑架罪的犯罪所得，不另行构成财产犯罪。

甲砍赵某两刀导致其死亡，第一刀是基于伤害的故意，第二刀是基于杀人的故意，由于故意伤害罪和故意杀人罪之间是阶层关系，因此甲的行为可以评价为故意伤害致人死亡。甲在绑架之后伤害被绑架人赵某导致其死亡，属于绑架罪的加重情节。（4分）

3. 事实三中，甲压制高某反抗，与高某发生性关系，构成强奸罪。由于甲的行为升高了高某的人身风险，因此其对高某有救助义务，其未救助高某，构成不作为的故意杀人罪，与强奸罪数罪并罚。强奸罪基本犯的追诉时效为15年，故意杀人罪的追诉时效为20年。2016年，甲又实施其他犯罪，此时强奸罪已经超过追诉时效，不再追诉；故意杀人罪仍在追诉时效内，因此，故意杀人罪的追诉时效从2016年重新计算，到2023年尚未超过追诉时效。综上所述，应当追究甲故意杀人罪的刑事责任。甲在被采取强制措施的情况下主动供述了公安机关未掌握的故意杀人的犯罪事实，对故意杀人罪成立特别自首，从宽处罚。（4分）

4. 事实四中，甲一开始就具有非法占有目的，其虚构事实欺骗吴某取得财物，构成诈骗罪。诈骗罪基本犯的追诉时效为5年，到2023年已经超过追诉时效，不再追诉。（2分）

案例 25 "管理房屋"案

案情：刘某出国之前将房屋委托给甲看管，甲同意。甲在看管期间心生贪念，将门口的石狮子谎称是自己所有而卖给乙，并让乙自己搬走。乙给甲1万元，将石狮子搬走。后查明，乙实际上知道该石狮子是刘某的财物，也识破了甲的谎言，但为了拿到石狮子，于是顺水推舟和甲完成了交易。（事实一）

1个月后，甲谎称自己是房屋主人，将该房屋卖给李某，当李某要求过户登记时，甲以房产证已经丢失等为由不予办理。李某信以为真，付全款100万元之后搬入房屋。1年后，刘某回国，发现李某住在自己的住宅中，遂案发。（事实二）

后查明，甲还将刘某家的赝品花瓶（价值2000元）冒充是1万元的真品向孙某兜售。两人达成交易后，甲上车准备离开现场，孙某立刻感觉不对，于是快步追上甲，要求甲退还1万元，否则报警。甲突然一脚踩下油门，用车辆撞击孙某，孙某躲开，甲将旁边的路人陈某撞死。（事实三）

警察林某带着辅警董某追捕甲。甲枪中只有一发子弹，认识到开枪既可能只打死警察林某（甲希望打死林某），也可能只打死辅警董某，但甲一枪同时打中二者，导致林某重伤、董某死亡。（事实四）

问题：综合全案，试分析甲、乙的刑事责任。（18分）

答案

1. 事实一中，乙明知石狮子是刘某的财物而擅自打破刘某对财物的占有、建立新的占有，乙对刘某的石狮子构成盗窃罪。（2分）

甲主观上意图欺骗乙，通过不知情的乙窃取刘某的财物，是盗窃罪的间接正犯；客观上，甲引起了乙的犯意，是盗窃的教唆者，主客观相统一，甲属于盗窃罪的教唆犯。此外，甲意图虚构事实欺骗乙，但基于客观原因未得逞，构成诈骗罪（未遂），和盗窃罪（教唆犯）从一重罪处罚。（4分）

2. 事实二中，李某实际无法取得房屋，甲虚构事实，欺骗李某并取得了李某的购房款，使得李某遭受财产损失，构成诈骗罪，数额为100万元。（2分）

3. 事实三中，甲窃取刘某的财物，构成盗窃罪，数额为2000元。之后，甲虚构事实，欺骗孙某，触犯诈骗罪，数额为8000元；甲实施诈骗之后为了抗拒抓捕使用暴力，转化为抢劫罪，由于在抢劫过程中出现了打击错误，导致陈某死亡，认定为抢劫致人死亡。（4分）

4. 对于甲开枪导致林某重伤、董某死亡的行为，有三种观点：

观点1：根据法定符合说，甲具有杀人的故意，且导致了他人死亡的结果，构成故意杀人罪（既遂）。

观点2：根据具体符合说，且如果认为甲仅有一个犯罪故意，则甲具有杀害警察林某的故意，但没有造成林某的死亡结果，构成故意杀人罪（未遂）；同时甲过失导致辅警董某死亡，构成过失致人死亡罪，与故意杀人罪（未遂）从一重罪处罚。

观点3：根据具体符合说，且如果认为甲有多个犯罪故意，甲具有杀害警察林某和杀害辅警董某的故意，但没有造成林某死亡的结果，构成故意杀人罪（未遂）；同时甲导致辅警董某死亡，构成故意杀人罪（既遂），与故意杀人罪（未遂）从一重罪处罚。

此外，甲用枪支袭击正在执行公务的人民警察，还构成袭警罪的加重情节，和以上构成的犯罪从一重罪处罚。（6分）

案例 26 "报复领导"案

案情：刘某在给阳光公立小学施工后，校方欠刘某工程款100万元，乙作为校长一直不批准拨款。于是刘某找到某国有独资基建公司总经理甲（阳光公立小学属于该基建公司开办的学校，甲是乙的上级），请求甲敦促乙尽快批准施工款项。甲说："当然可以，但是我家里正在装修，最近比较忙。"刘某意识到甲有让自己帮助装修的意思，无奈只能答应帮助甲家里装修，花费40万元，但甲只给了刘某30万元。（事实一）

装修完工之后，甲敦促乙拨款。乙从学校提出100万元后，故意对刘某说："有人想出8万元买你的这笔债。"刘某意识到校长乙只愿意出92万元，迫于资金紧张，就同意只收92万元。随后，乙将8万元差价据为己有。（事实二）

刘某回家将此事告诉了妻子李某，李某说："这两个领导心眼也太坏了，咱们可得跟乙把8万元要回来，顺便让他放放血。"二人打听到了乙的儿子赵某的个人信息，在学校门口强行控制赵某，并将其带回家。之后，刘某和李某给乙打电话，称其子被绑架，要乙出60万元，否则撕票。乙担心儿子的安危，只能照做。（事实三）

一日，趁李某不在，刘某想杀死赵某灭口，于是将赵某溺于河中，欲淹死赵某。赵某被呛得非常痛苦，刘某心生怜悯，欲送赵某就医，但发现如果要救赵某，唯有将赵某的名贵衣服毁坏。刘某便将赵某价值6000元的衣服毁坏，赵某终于得救（赵某受轻伤）。后刘某自动投案，将自己和李某控制赵某向乙要钱的事实全盘供述。（事实四）

问题：综合全案，试分析甲、乙、刘某、李某的刑事责任。（24分）

答案

1. 事实一中，甲主动索取刘某 10 万元的财产性利益，通过直系下属行使权力，为他人谋取利益，构成受贿罪，且属于"索贿"，从重处罚。刘某给予国家工作人员财产性利益，属于行贿行为，但没有谋取不正当利益，不构成行贿罪。（6 分）

2. 事实二中，乙主动向刘某索取 8 万元的财产性利益，构成受贿罪，且属于"索贿"，从重处罚。（2 分）

3. 事实三中，刘某和李某具有索要合法利益以外的非法占有目的，二人控制赵某并向第三人索要财物，构成绑架罪的共同犯罪。由于已经控制人质，成立犯罪既遂。（4 分）

4. 事实四中，刘某在绑架之后实施杀人行为，但在实行阶段自动放弃，造成轻伤结果，对此有两种不同的观点：

观点 1：刘某在绑架之后实施杀人行为，属于"绑架并杀害被绑架人"，加重处罚，但在实行阶段自动放弃，未造成赵某死亡的结果，成立犯罪中止；

观点 2：刘某在绑架之后故意杀人，后又自动放弃，构成绑架罪与故意杀人罪（中止），数罪并罚。（6 分）

刘某为了解救赵某将其 6000 元的财物毁坏，构成故意毁坏财物罪，由于是"自陷风险"，不属于紧急避险。（2 分）

李某对刘某的杀人行为没有预见可能性，因此仅构成绑架罪的基本犯。（2 分）

此外，刘某供述自己的犯罪事实，成立自首，从宽处罚。（2 分）

案例 27 "索要'通奸费'"案

案情： 甲的妻子和高某长期通奸，甲非常气愤。某日，甲、乙与丙（女）约定，由丙将高某约到某宾馆，以公开裸照为由向其索要"通奸费"，并申明不能动手。丙照办，高某赶到宾馆后，甲、乙直接就对高某拳打脚踢，向高某索要1万元现金。丙担心将高某打伤，试图阻止甲、乙二人，甲对丙说："我们去高某家拿钱，你站在外面望风，否则改天连你一起打死！"丙无奈，只得答应。（事实一）

甲驾车载着乙、丙、高某三人去高某家，甲在道路上超速行驶，将刘某撞成重伤。甲准备下车查看，乙让甲快走，甲于是驾车逃离现场。之后，刘某被路人送到医院，但抢救无效死亡。医生表明，如果早10分钟将刘某送到医院，就可以保住其性命。（事实二）

四人到了高某家中，丙在门外望风，甲、乙将高某带入户内，到处翻箱倒柜搜寻财物。甲、乙二人搜出2万元现金和一张信用卡。甲、乙逼迫高某说出密码后，甲去附近的自动取款机上取钱，乙负责看守高某。甲取钱时发现密码不对，乙又对高某进行殴打，高某为避免遭受更严重的伤害，说出了正确的密码，甲取出3万元现金。（事实三）

甲回到现场后，商议和乙一起杀死高某。二人准备将高某掐晕之后放入浴缸放水淹死。于是，甲掐住高某的脖子，乙在旁边协助，高某昏死过去。此时，乙突然提出自己不想再干了，甲骂道："废物，你不干就算了。"于是，甲单独将高某放入浴缸并放水。后查明，高某系被甲掐死，在被放入浴缸前已经死亡；此外，丙因为害怕并没有在门外望风，而是离开了现场。（事实四）

问题： 综合全案，试分析甲、乙、丙的刑事责任。（28分）

答案

1. 事实一中，甲、乙、丙具有非法占有目的，意图以恶害相通告，取得高某财物，构成敲诈勒索罪的共同犯罪，但尚未着手，属于犯罪预备。之后，甲、乙、丙构成抢劫罪的共同犯罪；其中，甲、乙使用暴力压制高某反抗取得财物，构成抢劫罪；丙在甲的胁迫之下为甲、乙望风，属于胁从犯，从宽处罚。(6分)

2. 事实二中，甲导致刘某重伤，之后逃逸致人死亡，由于构成"交通肇事逃逸致人死亡"不以事前构成交通肇事罪为前提，因此甲属于"交通肇事逃逸致人死亡"。乙作为乘车人教唆肇事人逃逸，导致被害人死亡，属于交通肇事罪的共同犯罪，且也属于"交通肇事逃逸致人死亡"。(6分)

3. 事实三中，甲、乙抢劫了2万元现金；此外，二人抢劫信用卡并使用，构成抢劫罪，数额为3万元。数额累计计算，为5万元。丙为抢劫望风，成立抢劫罪的帮助犯，即使由后文可知其中途离开，但没有切断心理帮助，因此不属于共犯脱离，成立抢劫罪既遂。(6分)

4. 事实四中，甲在抢劫之后非法剥夺高某的生命，构成故意杀人罪。甲在杀人过程中提前导致被害人死亡，属于结果提前实现。对此，有两种不同的观点：

观点1：甲意图杀害高某，导致高某死亡，构成故意杀人罪（既遂）；

观点2：甲意图溺死高某，但未以此法得逞，构成故意杀人罪（未遂），在此过程中过失导致高某死亡，构成过失致人死亡罪，与故意杀人罪（未遂）从一重罪处罚。(4分)

乙在高某死亡后退出，不再成立犯罪中止，其对高某的死亡结果负责，成立故意杀人（既遂），系帮助犯。(2分)

丙为抢劫望风，能够预见高某的死亡结果，属于抢劫致人死亡。(4分)

附 录 APPENDIX

附录 1　常见刑法概念的表述

		关键词	参考表述
不作为犯与因果关系	不作为犯	作为义务	行为人对受伤的妻子有救助义务，其不救助导致妻子死亡的，构成不作为的故意杀人罪。
	因果关系	介入因素异常/正常	周某自陷风险的行为属于异常介入因素，切断因果关系，行为人不对周某的死亡结果负责。
正当防卫有关	正当防卫	不法侵害	行为人对正在发生的不法侵害采取制止行为，没有超过必要限度，成立正当防卫。
	假想防卫		行为人误以为有不法侵害而进行"防卫"的，属于假想防卫，不构成故意犯罪。
	偶然防卫		行为人以加害的意思偶然造成了制止不法侵害的效果，成立偶然防卫。
	防卫过当	必要限度	行为人的防卫行为超出了必要限度，属于防卫过当，成立故意伤害致人死亡。
犯罪未完成形态	未遂	实行阶段，客观原因	行为人在实行阶段因为客观原因未能得逞，成立犯罪未遂。
	预备	预备阶段，客观原因	行为人在预备阶段因为客观原因未能得逞，成立犯罪预备。
	中止	主观原因	行为人在预备/实行阶段因为主观原因放弃犯罪，成立犯罪中止。
共同犯罪	成立共同犯罪	轻罪范围内	甲和乙在非法拘禁的范围内成立共同犯罪，甲有非法占有目的，构成绑架罪；乙没有非法占有目的，构成非法拘禁罪。
	帮助犯	提供帮助	行为人为他人盗窃提供帮助，属于帮助犯，是从犯，应当从轻、减轻或免除处罚。

148

续表

		关键词	参考表述
共同犯罪	教唆犯	引起犯意	行为人引起他人盗窃的犯意,构成盗窃罪的教唆犯。
	共犯脱离	切断物理因果和心理因果	行为人切断对结果的物理因果和心理因果,属于共犯脱离,成立犯罪未遂/中止。
	实行过限	超出故意	甲的行为超出乙的故意,属于实行过限,乙对此不负责。
	片面共犯	暗中	行为人在对方不知情的情况下暗中提供帮助,为片面帮助犯。
	间接正犯	支配	行为人支配他人的犯罪行为,成立间接正犯。
罪数	事后不可罚	缺乏期待可能性	行为人盗窃之后将财物毁坏的行为缺乏期待可能性,属于事后不可罚,不再另行定罪。
	结果加重犯	致人死亡	行为人构成抢劫罪,且属于抢劫致人死亡。
财产犯罪	盗窃罪	打破占有、建立占有	行为人打破他人占有、建立新的占有,构成盗窃罪。
	抢劫罪	压制反抗,取得财物	行为人采用暴力/胁迫/其他方式压制他人反抗,取得财物,具有高度的人身危险性,构成抢劫罪。
	诈骗罪	被害人处分	行为人虚构事实、隐瞒真相,使对方陷入认识错误处分财物,构成诈骗罪。
	敲诈勒索罪	被害人处分	行为人以恶害相通告,使对方陷入恐惧处分财物,构成敲诈勒索罪。
	转化型抢劫(《刑法》第269条)	前置罪名,为了抗拒抓捕,使用暴力/以暴力相威胁	行为人盗窃之后为了抗拒抓捕使用暴力,转化为抢劫罪,且属于抢劫致人死亡。
	侵占罪	变占有为所有	行为人将他人的财物变占有为所有/将遗失物据为己有,构成侵占罪。
	抢夺罪	对物暴力,对人危险	行为人对物使用暴力,对人造成危险,构成抢夺罪。
人身犯罪	故意杀人罪	剥夺生命	行为人故意非法剥夺他人生命,构成故意杀人罪。
	故意伤害罪	损害身体	行为人故意对他人身体/健康造成损害,构成故意伤害罪。
	强奸罪	压制反抗,发生性关系	行为人采用暴力/胁迫/其他方式压制他人反抗,强行与他人发生性关系,构成强奸罪。

续表

		关键词	参考表述
人身犯罪	绑架罪	控制，非法占有目的	行为人有非法占有目的，控制他人，向第三人索要财物，构成绑架罪。
	非法拘禁罪	剥夺自由（控制）	行为人剥夺他人人身自由，构成非法拘禁罪。
	强制猥亵罪	性羞耻心	行为人强制侵犯他人性羞耻心，构成强制猥亵罪。
贪污贿赂犯罪	贪污罪	侵吞，职务之便	行为人作为国家工作人员，利用职务之便，非法侵吞公共财物，构成贪污罪。
	受贿罪	职务之便	行为人作为国家工作人员，利用职务之便，非法收受他人财物，为他人谋取利益，构成受贿罪。
	利用影响力受贿罪	通过其他国家工作人员职务上的行为	行为人作为非国家工作人员，通过其他国家工作人员职务上的行为，为请托人谋取不正当利益，收受他人财物，构成利用影响力受贿罪。

刑法常见考点表达口诀：

不作为犯很好答，作为义务源自哪。
因果关系瞅一瞅，介入因素异常否。
正当防卫诸概念，不法侵害是关键。
预备中止与未遂，阶段原因相搭配。
引起犯意是教唆，脱离切断双因果。
超出故意为过限，暗中实施为片面。
间接正犯若遇到，支配利用随便挑。
表述盗窃重改变，打破占有又新建。
抢劫强奸好表达，压制反抗为了啥。
诈骗敲诈重处分，处分原因别搞混。
转化抢劫三要件，罪名目的写在前，
暴力暴力相威胁，加重情节接后面。
剥夺生命是杀人，绑架目的不能省。
拘禁核心在控制，猥亵侵犯性羞耻。
贪污受贿抓关键，利用职务之方便。
利用影响和斡旋，他人办事自收钱。

附录 2　常见生活语言转化

	法律用语	参考表述
钱	财物	行为人骗取他人财物，构成诈骗罪
偷	窃取	
抢	压制反抗取得	
送	给予	行为人给予国家工作人员财物
收	收受	
卖	出售、销售、拐卖	
买	购买、收买	
打	使用暴力	行为人对他人使用暴力
想到	预见	
杀死	剥夺生命	
拿到	取得	

声　明　1. 版权所有，侵权必究。

　　　　 2. 如有缺页、倒装问题，由出版社负责退换。

图书在版编目（CIP）数据

主观题采分有料. 刑法 / 陈橙编著. -- 北京 : 中国政法大学出版社，2024. 7. -- ISBN 978-7-5764-1576-6

Ⅰ. D920.4

中国国家版本馆 CIP 数据核字第 2024E5Y000 号

出 版 者	中国政法大学出版社
地　　址	北京市海淀区西土城路 25 号
邮寄地址	北京 100088 信箱 8034 分箱　邮编 100088
网　　址	http://www.cuplpress.com（网络实名：中国政法大学出版社）
电　　话	010-58908285(总编室) 58908433（编辑部）58908334(邮购部)
承　　印	三河市华润印刷有限公司
开　　本	787mm×1092mm　1/16
印　　张	10.25
字　　数	255 千字
版　　次	2024 年 7 月第 1 版
印　　次	2024 年 7 月第 1 次印刷
定　　价	63.00 元

厚大法考（广州、深圳）2024年主观题面授教学计划

班次名称(全日制脱产)		授课时间	标准学费(元)	阶段优惠(元)			配套资料
				7.10前	8.10前	9.10前	
通关系列	主观集训A班	7.8~10.8	28800	22800	已开课	已开课	考点清单 沙盘推演 随堂讲义
	主观暑期班	7.8~8.31	12800	12800	已开课	已开课	
	主观特训班	8.8~10.8	23800	15800	16800	已开课	
	主观短训班	9.1~10.8	18800	11300	11800	12800	
首战系列	首战告捷班	9.18~10.8	16800	10000	10800	11000	沙盘推演 随堂讲义
	主观衔接班	9.24~10.8	14800	9300	9800	10200	课堂内部讲义
	主观密训营	10.1~10.8	10800	8300	8800	9000	随堂密训资料

联系我们：【广州分校】广东省广州市海珠区新港东路1088号中洲交易中心六元素体验天地1207室　020-87595663
　　　　　【深圳分校】广东省深圳市罗湖区滨河路1011号深城投中心7楼　0755-22231961

厚大法考（成都）2024年主观题面授教学计划

班次名称(全日制脱产)		授课时间	标准学费(元)	阶段优惠(元)			配套资料
				7.10前	8.10前	9.10前	
通关系列	主观集训A班	7.8~10.7（面授+视频）	18800	14800	已开课	已开课	考点清单 沙盘推演 随堂讲义
	主观特训班	8.8~10.7（面授+视频）	16800	11800	12800	已开课	
	主观短训班	9.1~10.7（面授+视频）	14800	8980	9500	9800	
首战系列	主观衔接班	9.24~10.7（面授+视频）	12800	8580	9000	9500	课堂内部讲义
	主观密训营	10.1~10.7（面授）	10800	8300	8800	9000	随堂密训资料

联系我们：【成都分校】四川省成都市成华区锦绣大道5547号梦魔方广场1栋1318室　028-83533213
PS：更多优惠详询工作人员

广州　　深圳　　成都

加微信获取班次详细介绍

厚大法考（上海）2024年主观题面授教学计划

班次名称		授课时间	标准学费（元）	阶段优惠（元）		
				4.10前	5.10前	6.10前
至尊系列	九五至尊班	4.22~10.16	199000（专属自习室）	①协议班次无优惠，订立合同；②2024年主观题考试过关，奖励30000元；③2024年主观题考试若未过关，全额退还学费；④资深专业讲师博导式一对一辅导		
			99000（专属自习室）	①协议班次无优惠，订立合同；②2024年主观题考试若未过关，退60000元；③资深专业讲师博导式一对一辅导		
	主观尊享班		45800（专属自习室）	41000	43000	已开课
	主观至尊班	5.20~10.16	39800（专属自习室）	36000	38000	39800
大成系列	主观长训班	6.11~10.16	32800	24800	25800	26800
	主观集训VIP班	7.10~10.16	25800	①专属辅导，一对一批阅；②赠送专属自习室		
	主观集训班A模式			19800	20800	21800
	主观集训班B模式			①协议班次无优惠，订立合同；②2024年主观题考试若未过关，退15800元		
	主观特训VIP班	8.12~10.16	22800	①专属辅导，一对一批阅；②赠送专属自习室		
	主观特训班A模式				17800	18800
	主观特训班B模式			①协议班次无优惠，订立合同；②2024年主观题考试若未过关，退10000元		
	主观高效提分VIP班	9.9~10.16	17800	①专属辅导，一对一批阅；②赠送专属自习室		
	主观高效提分班A模式				14800	15800
	主观高效提分班B模式			①协议班次无优惠，订立合同；②2024年主观题考试若未过关，退10000元		
冲刺系列	主观短训班	9.23~10.16	14800		8800	9300
	主观短训VIP班			①专属辅导，一对一批阅；②赠送专属自习室		
	主观决胜班	9.30~10.16	12800		6800	7300
	主观决胜VIP班			①专属辅导，一对一批阅；②赠送专属自习室		
	主观点睛冲刺班	10.10~10.16	6800		4080	4280

各阶段优惠政策：
1. 多人报名可在优惠价格基础上再享团报优惠：3人（含）以上报名，每人优惠200元；5人（含）以上报名，每人优惠300元；8人（含）以上报名，每人优惠500元。
2. 厚大面授老学员报名再享9折优惠。

PS：课程时间根据2024年司法部公布的主观题考试时间相应调整。

【松江教学基地】上海市松江大学城文汇路1128弄双创集聚区3楼301室　　咨询热线：021-67663517

厚大法考APP　　厚大法考官博　　上海厚大法考官博　　上海厚大法考官微